RADICAL AND EMPIRICAL REALITY:

Selected Writings on the Philosophy of José Ortega y Gasset and Julián Marías

Harold Raley

TotalRecall Publications, Inc.
1103 Middlecreek
Friendswood, TX 77546
281-992-3131 TEL
www.totalrecallpress.com

All rights reserved. Except as permitted under the United States Copyright Act of 1976, No part of this publication may be reproduced, stored in a retrieval system, or transmitted in any form or by any means electronic or mechanical or by photocopying, recording, or otherwise without prior permission of the publisher. Exclusive worldwide content publication / distribution by TotalRecall Publications, Inc.

Copyright © 2020: Harold Raley

ISBN: 978-1-64883-0167
UPC: 6-43977-43016-8
Library of Congress Control Number: 2020939638

Printed in the United States of America with simultaneous printings in Australia, Canada, and United Kingdom.

FIRST EDITION
1 2 3 4 5 6 7 8 9 10

Judgments as to the suitability of the information herein is the purchaser's responsibility. TotalRecall Publications, Inc. extends no warranties, makes no representations, and assumes no responsibility as to the accuracy or suitability of such information for application to the purchaser's intended purposes or for consequences of its use except as described herein.

The scanning, uploading and distribution of this book via the Internet or via any other means without the permission of the publisher is illegal and punishable by law. Please purchase only authorized electronic editions and do not participate in or encourage electronic piracy of copyrighted materials. Your support of the author's rights is appreciated.

Table of Contents

Introduction iv

Part I José Ortega y Gasset

Reflections on Ortega y Gasset's *¿Qué es filosofía?* 1

Husserlian "Reduction" seen from the Perspective of
  Phenomenological "Life" in the Ortegan School 43

Algunas aportaciones españolas a la filosofía actual 66

Two Theories of Human Life in Ortega y Gasset and Julián Marías 75

Ortega y América 88

Part II Julián Marías

Julián Marías: persona y pensamiento 97

Prólogo a *Historia de la filosofía* de Julián Marías (Edición de 2008) 102

Retrato Filosófico de Julián Marías 111

Julián Marías: etapas de una filosofía 155

Julián Marías: *Meditatio vitae* 174

Julián Marías: Trayectorias de su filosofía después de Ortega 191

¿Nuevas trayectorias u otras decepciones filosóficas? 209

Julián Marías: Philosophy of the Person 227

Afterword 264

Introduction

In this volume I offer the defining concepts of the philosophy of Ortega y Gasset (1883-1955) and his disciple and successor Julián Marías (1914-2005). Although these doctrines may be considered singly, they are best understood, so I believe, as a unique philosophic continuum with many junctures and cross references that illuminate and enrich both bodies of work. Marías describes his own relationship to Ortega as "filial," that is, "inexplicable without him, irreducible to him." Ortega cast his doctrine at the "height of the times," and in complementary mode Marías described his as the "depth of the times." I leave for others to ponder which is the greater thinker. I am too indebted to both to play favorites.

Interest in both philosophers has grown exponentially in recent years, particularly in Spain and Hispanic America, and now is beginning to penetrate the English-speaking world. My hope is that these essays may be of some help to those interested in a species of philosophy that offers responsible thinking about the real human problems and genuine possibilities of our age.

Although most of my writings on these two thinkers are in Spanish, several key essays—including the two longest and most comprehensive—are in English. These are enough, so I believe, to orient English-speaking readers. A growing corpus of excellent studies is available to those who read Spanish. The names of Helio Carpintero, José Luis Sánchez, Enrique González Fernández, Nieves Gómez, Francesco de Nigris, Manuel Carmona, R. Hidalgo Navarro, Leticia Escardó, Fernando Fernández, Ana M. Araujo, Fernando A. Barahona, Juan Díez Sanz. (With apologies to many others who make up what I call "The New Madrid School of Philosophy," which not only transcends Madrid but also Spain itself).[1]

I happened upon this philosophy at an unforgettable moment in July of 1963 and my interest in its possibilities continues undiminished to this day. Ortega taught that in order to understand anything human we must tell a story. I take his words as permission to tell a short version of my own.

By 1963 I had completed a BA in English and French, an MA in French and had enough graduate hours for a PhD in either French or Spanish studies. I had taught both languages for several years and was undecided about which topic and language to pursue for my final degree. My real education was about to begin.

On that pivotal July afternoon in a quiet university library I opened Ortega y Gasset's *La rebelión de las masas* (The Revolt of the Masses) which I had bought three years earlier in Mexico City. By its title I assumed it was another Marxist work and was in no hurry to read it. But since it was on my list of "must read" writings, finally I had gotten around to it and was prepared to devour the book.

Instead it devoured me. I read transfixed for hours. Ortega struck with the electrifying power and illumination of an Olympian lightning bolt. Here was heartbreakingly beautiful language: bold, lyrical, seductive. Here was truth in all its supple, liberating power, ripping through occluding clichés and lifeless

---

[1] The original Madrid School of Philosophy was the name Julián Marías gave to an illustrious group of thinkers led by José Ortega y Gasset and centered in the University of Madrid in the pre-Civil War era. With the fall of the Second Spanish Republic in 1939, many Spanish intellectuals were exiled and Ortega's books and philosophy was eliminated from university curricula, Julián Marías, his chief disciple and successor was himself briefly imprisoned in 1939, but he labored tirelessly until his death in 2005 to preserve and expand the brilliant legacy of the Ortega era.

platitudes, stripping away hoary veneers and venerable falsehoods. I had read many English, French, and Spanish masters, but none could surpass, and few could match, Ortega's dialectical and stylistic wizardry.

According to an ancient claim, if French is grammatical, it is necessarily elegant. There is some truth to it, but the same cannot be said of English or Spanish, both of which, like Molière's *Bourgeois Gentilhomme*, plod along in prosaic plainness unless enlivened by a graceful spirit or lofty ideas. In Ortega I came to appreciate as never before the power and beauty of the Spanish language, and never had I encountered ideas more congenial to my own spirit.

I closed the book with an altered perspective. The die was cast and my dilemma resolved. With the enthusiasm of a new convert I proceeded to read everything by Ortega I could get my hands on as I prepared to do a dissertation on his philosophy.

There was a problem: senior professors were reluctant to direct it. A couple confessed honestly that they did not know enough about his doctrine to be my director. But one intrepid soul, Dr. Jerome Schweitzer, agreed to take it on, even though admitting that he was not an Ortega specialist. "Raley," he said, "we shall work on this together and see what comes of it." I shall always be grateful to him for giving me if not a free rein, at least a loose one to write what I truly thought about Ortega. I read and wrote, and he edited and advised. Thanks largely to his efforts the dissertation was accepted for publication by both the University of Alabama Press and Ortega's own Revista de Occidente.

Despite Dr. Schweitzer's editorial guidance, however, I point out the obvious fact that I received no classroom instruction in Ortegan thought. Neither the professors of philosophy nor those of foreign languages and literatures at my university knew very much about Ortega. And I learned that the same was true of many university faculties. Ortega seemed too literary for the philosophers and too philosophical for the linguists. Caught in the middle, I faced Ortega without the customary professorial filters and critical buffers. Furthermore, many of Ortega's critics were implacably hostile, others, abjectly servile. For better or worse, my assessment of his thought was intuitive, immediate, and personal. I have yet to decide whether this academic oddity worked for or against me. What has remained certain is that this way of thinking never grows stale; today Ortega stirs the same enthusiasm I felt that quiet July afternoon many decades ago.

Upon completion of the dissertation in 1966, I experienced a sort of "post-partum" depression. I had luxuriated in the Ortegan brilliance, but now what? Could I ever hope to find a similar mind with an equal literary gift, or was my academic career destined to be a pedantic dissection of the Ortegan style and doctrine? The answer was yes and no; I never found another Ortega, but to my great good fortune I did discover Julián Marías, who turned out to be a genius in another key, and, improbably, even more convincing than Ortega himself. If Ortega was brilliantly persuasive in his writing, Marías was inspiringly convincing in his. And because the latter experience included an enduring friendship, he was to have an even greater influence on my thought and work than Ortega. But I must add that without Ortega I could not have fully understood how much Marías added to their shared doctrine, and it took Marías to make me appreciate even more the pioneering genius of Ortega. Together they formed the uniquely indivisible philosophic continuum described earlier and taught me most of the few things I know about philosophy and many other things.

I repeat my hope that the selections in this volume may be of some help to those interested in these philosophers and add only that any misrepresentation of their thought is my responsibility.

Part I
José Ortega y Gasset

Reflections on
Ortega y Gasset's ¿Qué es filosofía?[2]

A. The Intellectual Trajectory

Although Ortega had gained some notoriety as early as 1902 when he published his first article, *Glosas*, it was not until 1908 following two and a half years in Marburg, Germany that he began his public career in Spain. Members of the Generation of 1898 dominated the Spanish intellectual milieu, foremost among them Miguel de Unamuno. That same year Ortega founded the journal *Faro*, which he intended to be a vehicle for writers of his own generation. Although it lasted only a year, the magazine signaled his lifelong interest in political and social problems. This abiding concern, which vied with philosophy as a major intellectual passion in his life, began as a response to conditions in Spain but soon included Europe as well. He shared with other thinkers such as Husserl and Spengler the idea that European civilization had entered into crisis and was convinced that modernity was coming to an end. This conviction inspired him to write some of his most celebrated works, among them *Meditaciones del Quijote* (1914), *España invertebrada* (1921) and *La*

---

[2] Published in *Revue Internationale de Philosophie*. Brussels, No. 1/2015, pp.69-94.

rebelión de las masas (1929-30), by far his most popular book.³

In 1909 he broke with Unamuno mainly over a resurgence of the long-running debate between generations of Spanish *Europeizantes* and *Hispanizantes* [Europeanizers and Hispanicizers]. Unequivocally taking the side of the former, Ortega advocated the integration of Spain into European culture, whereas Unamuno defended traditional Spanish values and considered the peculiarities of Spanish life that set it apart from the rest of Europe to be virtues, not shortcomings. He dismissed Ortega's youthful followers as *papanatas* (simpletons) and was largely indifferent to what many intellectuals perceived to be the general crisis of European civilization. Implicitly he rejected Ortega's theory of generations, emphasizing instead the seamless continuity of history, a concept he called "intra-history," which because of its novelty may have attracted more attention than it deserves. Although the subsequent relationship between the two philosophers was formally correct, by this time their views had diverged too widely and Ortega was now too prominent in his own right to permit a resumption of their earlier mentor-disciple relationship. Probably, as we shall see later, it was partly because of the rupture with Spain's elder statesman of philosophy that Ortega decided to establish his own intellectual authority.

---

³ Of the many books on the life and works of Ortega, the most comprehensive are no doubt the two volumes by Julián Marías: *Ortega. Circunstancia y vocación*. Madrid, Alianza Editorial, 1963 (in English: University of Oklahoma Press, 1970; and *Ortega. Las trayectorias*. Madrid, Alianza Editorial, 1983. For the English-speaking reader, Victor Ouimette's *José Ortega y Gasset*. Boston, Twayne Publishers, 1982 is recommendable for the writer's clear style and generally balanced commentary.

The first major step in establishing his intellectual authority occurred the following year—1910—when he won the Chair of Metaphysics at the University of Madrid. Ortega's sympathies for socialism were now apparent. But his was a patriotic socialism focused on the problems of Spain. In a speech delivered on October 15 in the Casa del Pueblo in Madrid, he praised the integrity and discipline of Spanish socialists but expressed reservations regarding Marxism and what he saw as the extremism of the international socialist movement. In 1912 he joined the Republican Reform party and in 1913 helped found a new party called the League for Political Education, both based on socialist ideology.

In 1914 Ortega delivered his most ambitious political address: *Vieja y nueva política* (old and new politics). For once his legendary rhetorical brilliance failed him and the speech, which sounded vague and somewhat ambiguous to his audience, had little lasting impact. But if his political leadership suffered a temporary setback, the publication of *Meditations on Quixote* in July of 1914 elevated Ortega to a philosophical status rivaling, if not surpassing, that of Unamuno. We shall return to aspects of that work in its proper place in this essay.

In 1915 Ortega founded *España* and even though he left the editorship of the magazine after only a year, in the eight years of its existence it included the writings of Spain's leading intellectuals who later helped shape the new Republic.

Meanwhile his *tertulias*, or literary circle, which he dominated with his conversational brilliance, became the center of intellectual life in Spain. Novelist Pío Baroja confessed his belief that Ortega was the greatest master of the Spanish language since

Cervantes and remarked that he spoke even better than he wrote.[4] Not wishing to be upstaged by his younger contemporary, Unamuno understandably declined to attend the sessions.

In May of 1916 Ortega launched *El Espectador* to 3,000 private subscribers. He continued to publish it at desultory intervals until 1934. Ortega wrote all the essays, which delighted readers with a tasteful balance of splendid lyrical prose and stunning philosophic insights.

His prestige continued to grow. In July of 1916 he accompanied his father José Ortega Munilla (1853-1922) and several other Spanish intellectuals to Argentina. Initially, the elder Ortega, well known and highly esteemed as a novelist, journalist, and editor, was to be the featured attraction. But he was obliged to curtail the visit and his son continued to lecture in his stead. His lectures were an enormous success in Buenos Aires and led to invitations to speak in other Argentinean cities. The triumphs of the younger Ortega in Argentina persuaded his hitherto skeptical father to acknowledge his son's genius.[5] Argentina came to represent for the younger Ortega the enormous potential of Hispanic America and its indissoluble links to Spain. After a time, the initial euphoria of his triumphant visit seems to have subsided as other problems obsessed him, but he never abandoned the ideal of an intellectual panhispanism.

---

[4] Cf. Pío Baroja, *Obras completas*. Madrid, Plenitud, 1947, VII, p. 755.

[5] Both Eduardo and Manuel, elder and younger brothers of Ortega, respectively, authored revealing accounts of the childhood and early years of their complex middle brother. In particular, Manuel Ortega y Gasset addressed their father's relationship with his brilliant son in *Niñez y mocedad de Ortega*, Madrid. CLAVE, 1964, pp. 12, 89.

Following the publication of a controversial article in 1917, *Bajo el arco en ruina* [Beneath the Arch in Ruins], the overtones of which were taken as a threat to the political structure of Restoration Spain, Ortega terminated his longstanding association with *El Imparcial*. He then wrote for *El Sol* where his ascending prestige and the generous financial backing by Nicolas María de Urgoiti helped turn it into Spain's foremost newspaper.[6]

By now Ortega was a formidable presence in Spain. The publication of *España invertebrada* [Invertebrate Spain] followed a year later by *El tema de nuestro tiempo* [The Modern Theme][7] further bolstered his reputation not only as Spain's leading thinker but also as a major political voice. In July of that year he launched *Revista de Occidente*, his best-known journalistic venture, which he guided until the outbreak of the Civil War in 1936. *Revista de Occidente* quickly became the literary instrument of the intellectual elite and helped foster and sustain the so-called poetical "Generation of 1927."

It was partly due to his widening criticisms of the government that in 1923 General Primo de Rivera, probably with the tacit approval of the King, imposed a military dictatorship on the country. Ortega himself had come to believe the dictatorship was

---

[6] In 1920 the enlightened Urgoiti founded Calpe, which joined Espasa two years later to form Espasa-Calpe, destined to become one of the largest publishing houses in Spain.

[7] Lamentably the English title is at variance with Ortega's views of modernity. He described himself and his generation as "Not at all modern and very twentieth century" (*nada moderno y muy siglo veinte*), II, p. 22. [All citations are from *Obras completas*. Alianza Editorial, XII vols, 1983, and all English translations are by the author].

a necessary, perhaps inevitable, evil, but he placed the ultimate blame on the ineptitude of the Spanish populace. Prudent in his own political writings during this period and much admired personally by General Primo, Ortega flourished under the fairly benign regime. But not everyone; some Spaniards were exiled, including his brother Eduardo Ortega and Unamuno.

If, on the one hand, this period was a dark moment in Spanish politics, on the other, it was also a golden age of literary and intellectual advancement. Ortega labored mightily to invigorate Spanish culture by inviting foreign luminaries in philosophy and science to Spain, notable among them Einstein. In 1924 he added a publishing wing to the *Revista de Occidente* and his assembly of skilled translators made books of the highest caliber available to Spanish readers.

During these years Ortega divided his efforts between philosophy and artistic themes, while taking a temporary respite from politics. He translated the first book for *Revista de Occidente*, Lord Dunsany's *A Dreamer's Tales*. In January, 1924 the first article of *La deshumanización del arte* [the Dehumanization of Art]) appeared in *El Sol*. In December of the same year *El Sol* began a series of his articles that would comprise *Ideas sobre la novela* [Ideas about the Novel]. His articles on the nature of love, *Estudios sobre el amor* [Studios on Love] began to appear in July of 1926, followed in May of 1927 by the fifth volume of *El Espectador*, and in July by *El espíritu de la letra* [The Spirit of the Letter]. His article "Conversation on the Golf Course or the Idea of 'Dharma'" caused some of his erstwhile supporters to accuse him of abandoning Spanish liberalism and becoming the spokesman for

Spanish elite society.[8]

The death of former author and Conservative minister Antonio Maura in 1925 opened the way for Ortega to make a guarded return to political themes. The favorable reception of his essay *Mirabeau* encouraged him to write that same year a series of "political ideas" in which he advocated the reorganization of Spain into large districts. In 1927 these were published as *La redención de las provincias* [The Redemption of the Provinces]. Despite Ortega's self-censorship, in 1928 General Primo forbade the publication of one article, and neither the remaining articles nor the volume mentioned above had any significant impact.

In August of 1928 the Friends of the Arts of Buenos Aires invited Ortega back to Argentina. Once again, his lectures were a grand triumph. He also went to Chile where he lectured four times to thousands of people and addressed the Chilean Parliament.

The renewed euphoria of his triumph in South America was quickly dispelled upon his return to Spain in January of 1929. He came back to a disturbed and angry Spain with the Primo dictatorship teetering on the verge of collapse. On March 16 the government closed the University of Madrid and then other universities as the demonstrations spread across the nation. Along with other prominent professors Ortega resigned his post in protest, but even as he did so he announced that he would

---

[8] From today's perspective the criticism of Ortega on this point is somewhat baffling. What Ortega really says in the article is that he cannot be a part of the society he is accused of admiring because golf and the lifestyle that accompanies it is not his "dharma". Cf. José Ortega y Gasset, *Conversaciones en el golf o la idea del dharma, Obras*. II, p. 406.

continue to offer a course outside the university campus in Cine Rex. Its title and the central theme of this essay: ¿Qué es filosofía? [What is Philosophy?].

B. From Phenomenology to Radical Reality

Julián Marías makes this statement about *¿Qué es filosofía?* "It must be pointed out that this course is the first adequate exposition of the philosophy of Ortega. It was something he never did, and in the absence of anything to that effect he was constantly reproached."[9] However, in Lesson VII he explains that he remained silent about certain ideas that had been maturing in his thinking for many years, in some cases since early youth. In Lesson X, he explains that haste is not the way of the philosopher: "I am in no hurry for others to tell me I am right. Being right is not a train that departs at a fixed hour. Only the ill and ambitious are in a hurry."[10]

Following a series of preliminary observations in Lessons I and II on the fallacy of relativistic truth and essential historicity of human life, in the third of the eleven lessons that comprise

---

[9] "Hay que señalar que este curso es la primera exposición adecuada de la filosofía de Ortega, eso que nunca hizo, cuya ausencia se le reprochó constantemente", Julián Marías, *Ortega. Las trayectorias*, Madrid, Alianza Editorial, 1983, p. 274.

[10] *¿Qué es filosofía?*, VII, p. 408. As it turned out, Ortega's words were more prophetic than he intended. He never edited *¿Qué es filosofía?*, nor was it published in its entirety until 1958, three years after his death. By this time the image of Ortega was fading from public awareness. Consequently, this work, which sets forth his philosophic system much more comprehensively than *Meditations on Quixote*, has been largely ignored.

¿Qué es filosofía? Ortega launches his inquiry into the nature of philosophy with the sweeping statement that it must have as its objective nothing less than knowledge of the Universe.[11] The scientific disciplines such as chemistry, mathematics, and particularly physics, the most highly respected science of Ortega's day, confine themselves to a circumscribed physical or theoretical field of study, and while they acknowledge the valid principles and discoveries of other domains, procedurally the utilize them only insofar as they lend support to their own objectives. Thus, a biologist may turn to mathematics to make statistical analyses, but it would be unusual for a physicist to utilize biological data, much less philosophic principles, in order to do physics.

There are, therefore, obvious differences between the objective of philosophy and the circumscribed, reductive givens characteristic of the individual sciences such as mathematics or physics. Unlike the scientific givens of these fields, which are defined by their limitation, by its very nature the philosophic enterprise encompasses everything, at least in principle, and cannot be similarly compartmentalized without surrendering its condition of wholeness. In theory, philosophy omits nothing from its purview. It is precisely the cosmic entirety that it must entertain and take responsibility for intellectually. Or to put it in simpler terms, philosophy is the science of the whole. For this reason, Ortega calls the philosophical quest for clarity and

---

[11] "The first thing that would occur to one to say would be to define philosophy as knowledge of the Universe." *Ibidem*, p. 308. He repeats the idea in Lessons V and X, pp. 335, 407 *et passim*.

veracity "theoretical heroism."[12] Not that the broad latitude of the philosophic purview can ever be justification for claims of superiority over the scientific researcher. On the contrary, by a formula of inverse proportions, the greater the task the greater the probability of error and thus the stronger the argument for a deeper sense of humility. But humility must not take the form of intellectual pusillanimity; philosophy requires the peculiar and seemingly contradictory combinations of daring, alertness, skill, modesty, and prudent self-control. No wonder Ortega could write to insightfully about the alertness of the hunter or grasp analogies between the thinker standing his ground against the onrush of problems and a bullfighter facing the perilous charge of the bull.

This necessary dichotomy of unequal inquiries—the partial versus the whole, the scientific versus the philosophic—means that philosophy cannot be configured to fit the mold of scientific knowledge, even though it acknowledges and accepts the validity of scientific principles and discoveries. Indeed, beset by a flagging spirit, modern philosophy, Anglo-American thought in particular, has come to envy and emulate scientific reasoning and would like nothing better than to take its place in the ranks of other sciences, perhaps as a member of the lower ranks at that. Nevertheless, Ortega stoutly denies that philosophy can be another science, not because it is less than, or equal to, the

---

[12] *Ibidem*, p. 308. The heroic and dramatic nature of philosophy appears frequently in Ortega's writings, as do its ludic and zestful characteristics. For this reason, whenever possible Ortega wrote only when he was in a euphoric mood.

scientific disciplines but because it is much more.[13]

Moreover, the philosophic endeavor differs from the scientific inquiry in an even more fundamental way. If philosophy should discover, for example, that the universe is ultimately chaotic or was created by a capricious, irrational being, as Schopenhauer taught, then it would prove to be impervious to rationality and entirely beyond the scope of science. Nevertheless, such a discovery would constitute valid philosophy even though it would be radically different by nature and consequence from rational scientific knowledge. From its beginning philosophy cannot discard this very possibility; the universe may indeed be an unsolvable problem impervious to human rationality. But even if this were the case and Schopenhauer and similarly minded thinkers be proven right, philosophy would still have fulfilled its mission by demonstrating in a rational way the capricious and chaotic irrationality of the universe.

Ortega points out that pragmatism and related utilitarian philosophical doctrines avoid the possible risks of confronting such universal problems simply by turning a blind eye to their existence, while others—among them certain strains of existentialism, deconstructionism, relativism, chaos theory, and similar doctrines which bubble in the caldron of modern intellectual thought—go a step further by declaring *a priori* that we cannot hope to reach absolute truth or knowledge and it is best to end the quest before we start.[14]

---

[13] "... philosophy is not a science because it is much more." *Ibidem*, p. 300.

[14] "For pragmatism and all "science" as such an unsolvable problem is *not* a problem—and by unsolvable they understand unsolvable by previously recognized methods. What they call a problem, therefore, is 'that which can be

Paradoxically but amply demonstrated, this confident denial of certainty discourages philosophic inquiry. For the pragmatist thinker, whose intellectual perspective derives, according to Ortega, from the bourgeois practicality of earlier times, problems are, by definition, those that can be solved, or at least resolved, by conventional methods and procedures. Those that would require one to transcend this paradigm—theological thought for instance—are thus dismissed a priori because they are formally unsolvable within the restrictive range of orthodox ratiocination. Despite Ortega's aim of philosophic universality, this general restriction would effectively reduce philosophy to another science with metes and boundaries on a par with, if not lower than, those of the scientific disciplines.

Although philosophy claims a universal panorama, it must begin much more modestly, even self-consciously, not with the cosmos or even the investigative fields and problem-sets of the sciences but with something so obvious as to escape out notice: *the peculiar nature of philosophy itself* and its reasons for being or, as the other side of the coin, the internal contradictions that threaten to annul its validity. (In a moment of pique Wittgenstein is reported to have commented that intellectually the most honest thing for philosophers of language to do would be to remain silent.) Ortega reached a different conclusion. For him the philosophic imperative means that the first task of the philosopher consists of justifying the philosophical endeavor itself, which is another way of stating that philosophy, which holds that nothing is off limits to its clarifying scrutiny, requires first of all an introspective self-justification. Before it can clarify

---

resolved'." *Ibidem*, p. 310.

things beyond it, philosophy must be clear about its methods and purpose. Not that such justification is ever completed once and for all time. On the contrary, it consists of a constant process of calling into question its theoretical assumptions. To commit oneself to thought is to commit oneself to go on thinking. Philosophy must always be aware of where it is and why it is there and not somewhere else. If nothing is alien to philosophy, then philosophy must necessarily be open to all reality. The foremost characteristic of this prime imperative—though often ignored historically—is unflagging alertness and a constant willingness to modify its concepts or to accept new ones. An open universe finds no hospitality in a closed mind. Ideally, therefore, the good a philosopher discovers must always be prepared to yield to the better; sheltered orthodoxy must be sacrificed to greater truths. Philosopher Julián Marías summarizes this intellectual vigilance as *no poder dormir* (unable to sleep).[15]

Here it is important to interject another factor of considerable impact. Ortega begins this series of lessons, as he begins several of his writings with the prior conviction, in one sense, a pre-intellectual conviction, that both the antique doctrines of realism as the moderns understand them—perhaps imperfectly—and modern versions of philosophical idealism are erroneous and must be surpassed.[16]

---

[15] Julián Marías, *Antropología metafísica*. Madrid, Revista de Occidente, 1970, p. 16. Marías repeats the phrase several times in his writings, for instance, in *Ortega. Las trayectorias*. Madrid, Alianza Editorial, 1983, p. 35.

[16] In his essay "*Ni vitalismo ni racionalismo*" (1924) Ortega presents his objections to the prevailing philosophy of his time. It foreshadows *¿Qué es filosofía?* and could serve as a preface to that work.

But if philosophy is by its nature an exercise of theoretical heroism, alertness and boldness, as Ortega would have us believe, in the modern centuries it has been characterized by a strange reluctance to venture forth into the world. Philosophers, Descartes chief among them, sought what Kant called *der sichere Gang*, the sure step, the solid foundation capable of supporting the edifice of an unassailable philosophy. From Descartes to Husserl, including Kant and Leibniz, European philosophy was dominated by a variety of restrictive or reductionist idealism. A defensive mentality permeated philosophy. Descartes reasoned that the world apparent to our senses could be the trickery of a Great Deceiver and we the dupes of his deception. Withdrawing into the recesses of his mind, he discovered that only one's thinking, one's *cogito*, is undeniable and safe from deception. Though lacking spatial extension and material being that common senses attributes to physical things, thinking is more dependable than realities that seem to possess tangible or measurable characteristics. Moreover, even if my physical being is real, I am fragile, a mere mortal whiff of existence, a thing, a *roseau qui pense*, a reed that thinks, according to Pascal. Yet there is certainty in this condition: if I think, then I am. My thinking is self-evidently undeniable and as a consequence or corollary so is my being. The immediacy of my thought, untampered in its inwardness, at a remove from seductive deceptions possibly emanating from beyond me, is the only certainty on which I may rely. And on this singular certainty I may with due prudence reason my way to whatever realities may transcend me and constitute what I first and uncertainly perceive by sensorial apprehension to be the world. With such caution Descartes and his followers would go on to construct what they saw as the only trustworthy philosophy and from this ideal citadel cautiously emerge to retake the outer world once surrendered, or at least rendered vulnerable to uncertainty and doubt.

Doubt had always been a negative cause for philosophers to detect and eliminate it. Nevertheless, the history, indeed the progress, of philosophy is also a record of abiding error. But this condition is not so grim as it first sounds. Human perception is historically relative, that is, relative to history. Truth does not change, Ortega tells us; two and two always make four. What changes is our historical relationship to truth, which means that the human intellect is natively susceptible to error because our perspective is partial and mutable. Cartesian genius consisted of the fact that instead of shunning or denying doubt as the fruit of error, instead of seeing it as a dreaded canker that traditionally demolished the certainty of philosophic propositions, Descartes confronted it, embraced it, and converted it into the dialectic of systematic doubt. But the immediate price he and followers paid for doing so was a provisional suspension or release of the external world. Later, with the appearance of Husserlian phenomenology it seemed that modern philosophy was in danger of being reduced to mere thinking about thought itself, as Husserl put it, *Cogito cogitatum*.

Here, in Husserlian phenomenology, Cartesian idealism reached its most subtle, refined, and usable expression. Ortega and many young thinkers of his generation were deeply impacted by phenomenology. Initially seduced might be a better description. Indeed, the argument has been made by several scholars that Ortega remained a phenomenologist for the rest of his life and that his first major work, *Meditations on Quixote* (1914) reveals the "serpentine" way, as Silver describes it, he incorporated Husserlian thinking into his own doctrine.¹⁷ In this essay we shall revisit some of these arguments so as to profile the major reasons why this writer rejects such reasoning and proposes instead a much higher level of originality for Ortega. *Meditations on Quixote* (1914) was indeed the first mature summation of his philosophy, as Julián Marías and others have emphasized. Mature, yes, but still developing during the next fifteen years and in an altered tempo for the rest of his life. In this initial phase it was restated and enriched from various perspectives: *España invertebrada* (1921), *El tema de nuestro tiempo* (1922), *La deshumanización del arte* (1924) and almost simultaneously with *¿Qué es filosofía?*, the first article of *La rebelión de las masas* (1929). In his narrative of historical philosophy in *¿Qué es filosofía?* Ortega does indeed explain from a broad perspective his understanding of the philosophic endeavor, but more importantly for our purposes in this essay, this work clarifies to a certain extent the genesis and

---

¹⁷ Philip W. Silver says of Ortega: "Starting out as an unconvinced Neo-Kantian with a will-to-science, he became so enthralled with the descriptive psychology of Husserl's *Logical Investigations* and the philosophical anthropology of the early Scheler that he balked at the seeming reversal of Husserl's *Ideas* in 1913. *His consequent reaction was strong enough to make him the first existential phenomenologist* (emphasis by the author), *Ortega as Phenomenologist*. New York, Columbia University Press, 1978, p. 88. This writer appreciates but cannot accept Silver's hypothesis. Ortega's refutation of Husserlian phenomenology is spirited and convincing. Yet it must be said that he acknowledges and retains what phenomenology offers as a descriptive method. At the same time, however, he surpasses it—to his own satisfaction at least—and goes on to develop his own doctrine.

underpinnings of his own thought.

No sooner had Ortega assimilated what Germany had to offer him and immersed himself anew in his Spanish circumstances than he began to veer away from his German mentors and to search for a species of philosophy that would be truly authentic in the three senses of the term that mattered to him: deeply Spanish, deeply personal, and at the highest level of authenticity, what he called *a la altura del tiempo* (at the height of the times.[18] After his experience in Germany and acutely aware of the many shortcomings of his country, he assumed an enormous responsibility for Spain. He was self-consciously aware that not only was there nothing resembling a philosophic tradition in the European mode in Spain but also the very conditions for its existence were lacking. He was not reluctant to speak of the enormity of the task ahead: "Thought was my vocation, the urge for clarity about things. Perhaps this congenital fervor made me see very early that one of the characteristic features of my Spanish circumstances was the deficiency of the very thing I had to be because of an inner need. Soon my personal inclination toward the exercise of thought merged with the conviction that it was, in addition, service to my country. For this reason, all my work and my whole life have been in service to Spain."[19]

But if the features mentioned above revealed the intellectual shortcomings of modern Spain, what specific intellectual challenges was Ortega to confront upon his return to Madrid and

---

[18] Ortega readily acknowledged his debt to his German mentors but criticized them for being insufficiently "scrupulous" and for an inordinate zeal "to be right." Cf. *Prólogo para alemanes*, VIII, p. 40.

[19] José Ortega y Gasset, *Prólogo a una edición de "Obras"*, VI, pp. 350-51.

the resumption of his professorial obligations? The first and most pressing was Husserlian phenomenology, specifically Husserl's *Ideen* (1913) with which he was at first infatuated and later disillusioned. Another was the imposing presence of Miguel de Unamuno, enemy of scientific rationalism and author of *Del sentimiento trágico de la vida* (1912). There can be no doubt that Unamuno was the only Spanish thinker at the time with sufficient intellectual stature to be seen as a peer of Ortega, and even though neither had much to say about the other, save for occasional ill-humored jibes by Unamuno about his younger colleagues, including Ortega, there was no doubt that they respected each other.

Nevertheless, Julián Marías has revealed that Ortega was distressed by what he viewed as the irresponsible and anti-intellectual trends in the work of the very intellectual Unamuno. It was not a time for timidity.[20]

Unwilling to return with Husserl to Cartesianism, which Ortega saw as an ingenious and progressive form of philosophy in its day whose advances must be preserved and utilized. Nevertheless, he believed it had run its course and could only be an anachronistic and erroneous doctrine in the twentieth century. Ortega was even less disposed to espouse the irrational premises of Unamunean philosophy. As a consequence of this dual rejection, Ortega was not inclined to take refuge in the safety of established doctrine, Germanic or otherwise. It was instead a

---

[20] Marías states: "The Meditations on Quixote signify in the most energic, passionate, and fascinating way the reaction against the irrationalism that Unamuno had formulated a year before . . .", *Nuevos ensayos de filosofía*. Madrid, Revista de Occidente, 1968, p. 103,

season for conquest and building, in short, an exhilarating time for introducing an altogether new vision of philosophy.²¹

In passing, we may note that Unamuno himself took a dim view of Cartesianism, scorning it along with modern science. Because he had his own doubts about human destiny, doubts much deeper and more personal than anything Descartes expressed, he dismissed Cartesian doubt as a contrived and insincere formalism. "The methodical doubt of Descartes is a comic doubt, a doubt purely theoretical and provisional—that is to say, the doubt of a man who acts as if he doubted without really doubting."²²

Ortega had in common with many thinkers of the early twentieth century, including Unamuno, an intuition that the human person was emerging inevitably as the central problem of the post-modern world. Max Scheler, for one, whose influence on Ortega is well documented, observes in *Vom Umsturz der Werte* that for the first time in the 10,000-year recorded history of mankind human reality has become problematic and more to the point that the human being has become indefinable, not a definitive reality at all but a "becoming," a "between," "a self-

---

²¹ Ortega often cited Goethe's comment: "I am of the lineage of those who from the darkness aspire to the light." But for Ortega it was more than a benign image. He intended his new vision to be ". . . *un gigantesco afán de superficialidad, de traer a la superficie y tornar patente, claro, perogrullesco si es posible, lo que estaba subterráneo, misterioso y latente,*" ¿*Qué es filosofía?*, VII, p. 342.

²² Miguel de Unamuno, *The Tragic Sense of Life*. London, Mcmillan and Co., 1931, p. 107.

transcending being."[23]

Scheler's passing observation, far too brief and tangential to be of specific explicative use in this essay, suggests two points which may have a general referential value: (1) the emerging problematical centrality of human life in modern, or post-modern European philosophy and science, culminating in what several philosophers and historians perceived as a crisis of Western thought and culture (Husserl, Spengler, Ortega), and (2) the perceived linguistic and conceptual inadequacy of traditional philosophic language to describe and treat responsibly what Scheler describes somewhat awkwardly as a "becoming," "a between." "a self-transcending being."

Admittedly, it is possible to take his remark in an altogether different context and view man as a transitional reality in the Darwinian sense of becoming a different and perhaps higher and more advanced being. The theme of evolutionary human transcendence has been treated from religious and humanistic perspectives in such writers as Fr. Teilhard de Chardin in *The Divine Milieu* and Lecomte du Noüy in *Human Destiny* and sensationalized by a variety of writers and politicians whose names we shall not dignify here with mention. But since Scheler speaks as a philosopher concerned primarily with philosophical concepts of the real, we may assume that he is speaking of human reality as it appears here and now. Such is the meaning presupposed in this writing.

Ortega certainly would not quibble with Scheler's bare statement that human life is a "becoming," what one could

---

[23] Max Scheler, *Vom Umsturz der Werte*, Gesammelte Werke. Bern, Franke Verlag, 1972, III, p. 186.

perhaps describe more accurately as "self-becoming," not to be mistaken for "self-given." Ortega himself says that life is given us, since we did not give it to ourselves, but it is not given us in finished form. In this regard, he shares a concept much bandied by both atheistic and Christian existentialists such as Sartre and Marcel, respectively, that it is our responsibility to make our life. Hence Sartre's celebrated maxim: "existence precedes essence," which means we must be before we become, or to put it another way, biological existence precedes personal essence. Ortega echoes Scheler by describing mankind as a reality that is ever "coming into being" and thus ever partly "unreal." But though accurate, this description does not encapsulate the full human imperative. Life does not impersonally transmute into reality, nor does the human future simply happen to us as the fatalists would argue. The Western ethos has seldom wavered in the conviction that we must make our life or ruin it and thus either create of annihilate our future. Hence the existential turmoil, despair, *sorge*, and themes of justifiable suicide that abound in existential thought. Nor does the transitional, unreal, and projective dimension of life as Ortega taught mean that it is inherently inferior to other realities or that it necessarily ends in non-being, in the final nothingness that Unamuno dreaded.

Ortega would go on to reason in a different light. For him "my life," though not the person I am, is the "radical reality" in which all other beings and things reveal themselves to me. In my life I discover all things real and unreal, present and transcendental, living and lifeless. Most of all, I discover myself by living and as a living person I am "rooted" or "grounded" in "my life," which in turn happens in this world. Being in this sense is akin to the Heideggerian concept of *in-der-Welt-sein*, being in the world. The discovery of life in this radical sense was to become the metaphysical foundation of his philosophy. This discovery is not primarily an intellectual deduction even though it is the central premise of Ortegan thought. The most elemental fact of life is that I discover myself circumstantially, that is, with things, beings, and persons, doing something with them, something we call living, or better, trying to go on living. Therefore, my relationship to life is not a *status quo* that can be defined once and for all, as we might define a physical object or describe the instincts and features of a biological organism. It is true that there is much in human life that is impersonal and thus obedient to impersonal, natural laws, but in order to understand anything truly human and personal, Ortega reminds us, we must tell a story, that is, a personal history. This insistence on biography over biology is not in the first instance because of the greater intellect or range of human life but because of the way life meshes with time. Human reality is at once its history and its future. We are in time, but time is also in us. Human life is also physical being but not primarily or totally so. We are both who we are and who we are yet to be.[24] In the last analysis our life cannot be subsumed under a biological classification but must be told as a biographical reality.

But we are getting a bit ahead of ourselves. Now it is proper to ask, how did Ortega reach his view of human life and how does it differ from conclusions that Descartes reached in the seventeenth century and Husserl only slightly before Ortega?

---

[24] Hence the imperative, by a rare convergence common to both Orteganism and Existential doctrines, that we must decide our future. As Ortega describes it, "Life is futuristic: consisting in what it still is not" (*La vida es futurición, es lo que aún no es*), ¿*Qué es filosofía?*, VII, p 420.

To begin with, it is worth pointing out that this "discovery" of human life as a problematic reality occurred in the same historical period during which it had been reduced in, if not entirely divested of, its sacral transcendence. Unamuno, following Kierkegaard, reacted by taking it upon himself to make a defiant defense of the transcendent hopes of mankind in works such as *La agonía del cristianismo* (first written in French; then in Spanish 1931) and, especially, *Del sentimiento trágico de la vida*.

Ortega, on the other hand, rather than defend the old, chose to re-enchant life and rediscover the magic of the world, to offer a fresh, exalted vision of European civilization. The mastery of the Western philosophic tradition and language that verges on the sublime in Ortega may cause us to overlook the fact that he is heir to no long tradition. Instead he speaks for what he believed could be a Spanish rebirth of the Western ethos: "Europe, tired in France, exhausted in Germany, weak in England, will have a second youth under our land's powerful sun." [25] This presupposes that Ortega sees, or thinks he sees, the exhaustion of the "meta-narratives," what some have called the great recycling "myths" of modern life. Sartre described man as a "useless passion," but Ortega, far from intellectual capitulation, seeks to awaken his readers to the beauty and majesty of reality. The world is marvelous: "There is nothing in the orb through which some divine nerve does not pass."[26]

But now let us retrace a few steps, leaving Ortega's lyrical prowess and linking *Meditations on Quixote* with *¿Qué es filosofía?*

---

[25] José Ortega y Gasset. *España como posibilidad*, I, p 138.

[26] "Pues no hay cosa en el orbe por donde no pase algún nervio divino," *Meditaciones del Quijote*, I, p 322.

The discovery of the indefinable reality of the human person involved first of all a lexical problem. How does one describe this peculiar reality in language unsuitable for the task? Scheler pointed to the problem. Heidegger struggled with it as he explored the vast implications of *Existenz* and *Dasein*.

But Heidegger is far from being unique in his lexical difficulties. Murky language is so widespread in contemporary thought that it has all but removed most forms of modern philosophy from public awareness and consigned it to intellectual specialists who teach and write about such matters, and unhappily and with few exceptions, only for one another. Gone, it seems, are the heady days of earlier centuries when a Voltaire, Rousseau, or Marx made their appeal more or less directly to receptive masses and aroused them to revolutionary fervor. Can one imagine in our day an Ortega lecturing to thousands in Chile or Berlin?

But philosophy in our day is not entirely an intramural code among professional philosophers, or better said perhaps, professors of philosophy. As we shall see in *¿Qué es filosofía?*, Ortega set out to re-enchant philosophy by investing it with visions of freedom and sensations of beauty and adventure. He was determined to wean it from the Cartesian and Husserlian subjectivism and with lyrical language to permeate it with seductive enthusiasm. By doing so, he invited the public to return to the marketplace of ideas. And, remarkably, for a time he succeeded.

The problem of descriptive terminology was not very different in Spanish, nor indeed in other European languages, for immemorial as a theme of experience, the theme of personal reality took its time in becoming a major theme of philosophy.

Ortega sought to remedy the deficiency in several ways in his writings, including a modification of philosophic genres (itself a cause of considerable misunderstanding), the introduction of new terminology often extracted from the common vernacular, and his free use of metaphor which seems to many more akin to poetic lyricism than modern philosophy. He also made the case for his thought journalistically and when other venues were lacking, as in the case of *¿Qué es filosofía?*, took his case directly to the public. According to prevailing trends of successive eras, Ortega has been labeled variously as an existentialist, phenomenologist, and sycophantic plagiarist of German philosophers.

Writing many years later after much intellectual work had gone into the elucidation of human reality, and specifically the human person, Julián Marías comments on one of the sources of these persistent misinterpretations. "Unless I am mistaken, the reason for this strange situation lies in the difficulty of finding an adequate method for presenting the problem, and, above all, the categories that allow one to formulate it without distortions. A prolonged intellectual effort has been necessary in order to reach a perspective from which the extraordinarily strange mode of reality that a person is may be revealed."[27]

Yet though slow, progress was made. As a result of this prolonged effort by the Madrid thinkers centered around Ortega, three levels of understanding human reality now stand forth in contradistinction: (1) mankind understood in a Darwinian or biological sense (to which neither the Spanish thinkers nor the existentialists understandably paid more than passing attention

---

[27] Julián Marías, *Persona*. Madrid, Alianza Editorial, 1996, pp. 9-10,

since the concept was essentially an anthropological matter in a restricted scientific context); (2) human life as an analytical theory *sine qua non,* that is, as the primary biographical, historical, and "radical" reality or structure in which "I" discover all other realities "rooted" and organized; and (3) personal life as an empirical structure of human life, that is, life as I discover and live it in the actual circumstances of this world. For many years these distinctions existed mainly as unrefined intuitions or in English-speaking countries were smothered under contentious debates about man as a created being or a product of evolution. Not until Ortega did the analytical theory of human life emerge quite apart from, and mostly indifferent to, these traditional controversies over human origins. And once Ortega had established the analytical theory as the central premise of his thought, Julián Marías began the formulation of its complement in the empirical theory. In this essay, however, we shall limit comments to Ortega's biographical understanding of life, particularly as it unfolds in phases in the eleven lectures or lessons of *¿Qué es filosofía?*[28]

---

[28] This writer has devoted several studies to the analysis of life in Ortega and Marías, among them the following selections: *"The Evolution of Phenomenology: Ortega, Heidegger, and the Analytical versus Empirical Distinction in Marías,"* Analecta Husserliana, The Netherlands: Kluwer, Vol. LIV, 1990, pp. 377-388; *"Husserlian 'Reduction' Seen from the Perspective of Phenomenological 'Life' in the Ortegan School,"* Analecta Husserliana. The Netherlands: Kluwer, Vol. XXXVI, 1991, pp. 371-385; *"Phenomenological 'Life': A New Look at the Philosophical Enterprise in Ortega y Gasset.* Analecta Husserliana, The Netherlands: Kluwer, Vol. XXIX, 1990, pp. 93-105. Among other works on Marías are included *Responsible Vision: The Philosophy of Julián Marías.* Clear

The desultory circumstances under which Ortega delivered the eleven lectures of ¿Qué es filosofía? were as unusual as they were stressful. Yet the audience overflowed Cine Rex, and Ortega moved the course to Beatriz Theater to accommodate the constantly increasing numbers. It was the first course on pure philosophy outside a university setting and before the most mixed public imaginable made up not only of "professionals" and students of philosophy and dilettantes of intellectual pleasures but also and in greater numbers by people unversed in philosophy whose interest in such themes no one could have suspected. Moreover, the extensive themes grew ever more complex with each lecture as step by step, component by component, Ortega built the systematic structure of his philosophy. Yet the audience continued to increase until the end of the course.

It has been a commonplace among many critics to declare that for his rhetorical brilliance Ortega did not develop a coherent "systematic" philosophy, but instead scattered suggestive and disjunctive nuggets of his thought throughout his works. Under the assumption that Ortega failed to lend structural integrity to these random fragments, Ciriaco Morón-Arroyo and several other critics in sympathy with Morón-Arroyo's arguments claim that Ortega went through several phases in his problematic but failed quest for a perfected system.[29] For his part, eminent scholar

---

Creek, Indiana: The American Hispanist, 1980, and *A Watch Over Mortality: The Philosophical Story of Julián Marías*. New York; State University of New York Press, 1997. Spanish translations of both books are available.

[29] Morón-Arroyo argues that Ortega went through four stages in his thought, never producing an original system of his own: (1) 1907-1914

Nelson Orringer confidently suggested that nearly everything in Ortega was "borrowed"—a polite way of saying plagiarized—from Scheler, Cohen, Natorp, Geiger, and other German thinkers. He seems to have based his conclusion on a perusal of Ortega's personal library where he found volumes by these German thinkers with Ortega's personal annotations.

In order to reject Orringer's thesis (with cordial respect for his scholarship) it seems to this writer, who agrees with Silver on this point, that we need only point out that while Ortega always acknowledged his German teachers and contemporaries and read their works vociferously, as he did almost every major writer, ancient of modern, there is nothing one can point to in Germany that parallels the philosophy Ortega developed in Spain. Ortega returned to Spain the first time grateful to his German mentors but dissatisfied with the neo-Kantian thought prevalent in Germany, and after his second visit unhappy with the direction Husserl was taking by returning to Descartes.

(rationalism, culture, and Neo-Kantianism; (2) 1914-1920 (phenomenology and perspectivism); (3) 1920-1927 (biological anthropology; and (4) 1928-1955) the influence of Heidegger. For his part, in *Ortega y sus fuentes germánicas*. Madrid, Gredos, 1979, Nelson Orringer speaks of "stolen fruits" and would reduce Ortega to little more than a pilferer of German concepts. Even though Philip W. Silver places Ortega permanently in the phenomenological camp, he rejects as untenable Ortega's supposed servile indebtedness to the German thinkers. "Since Ortega was in full possession of his philosophy in 1914, as a result of having made a 'superpositivistic' critique of Husserl's phenomenology in the *Ideas*, it is a mystery how Spengler, Dilthey, let alone Heidegger, could have had any fundamental influence on him at all." *Ortega as Phenomenologist*, p. 153 *et passim*.

Admittedly, Ortega was still attempting to mold his intuitions and studies into an authentic philosophy that could take root and flourish in the unique circumstances of Spain. Hence there is limited validity in Morón-Arroyo's thesis. Ortega wrote after his years in Germany that he found admirable teachers and a philosophic tradition second to none in German universities, but what he did not find was a viable philosophy.[30] For a brief time in 1912-13 it appeared that Husserlian phenomenology might turn out to be what he and other young philosophers of his generation were looking for. But he soon realized that in the end Husserl could not escape the gravitational pull of Cartesianism, which for Ortega was a step backward into a fertile but anachronistic idealistic subjectivism. Rather than the philosophy he sought phenomenology was "a stroke of good luck" that made clear to him what his philosophy could not be.[31]

As for the assertion made by Morón-Arroyo and others that Ortega was a sort of philosophic dilettante who flitted from one thinker or school to another in search of clever ideas and poetic metaphors, we need only look more closely at ¿Qué es filosofía? to dismiss the claim that his thought lacked system.

But these assertions and doubts both pro and con become in turn an imperative to explain what Ortega meant by "system." The term may be understood in two different but not conflicting ways in Ortegan philosophy. For Ortega, philosophy, in his case the philosophy of the radical reality of human life, *is by its nature*

---

[30] Ortega criticized his German mentors for being insufficiently "scrupulous" and overly zealous "to be right," *Prólogo para alemanes*, VIII, 40.

[31] ". . .la fenomenología no fue para nosotros una filosofía: fue . . . una buena suerte." *Ibidem*, p. 42.

necessarily systematic because of its radicality. It does not lend itself to secondary forms but always retains its centrality. This means that a philosophic system, as Ortega understands it, cannot be reduced to an editorial imposition or thought of as mere textual integrity, as "systematic philosophy" has been understood since the nineteenth century, nor even less as a medieval discourse consisting of the interplay or process of thesis and antithesis. Genre must evolve to convey the philosophy it treats. Textual form is, or should be, the obedient servant, philosophical content the informing master. To reverse the order is to condemn philosophy to greater or lesser degrees of pedantry. This means that philosophic system is inherent, informing, inevitable, and ineradicable so long as it centers on its core reality of human life. Buy let us quickly note that this assertion is easily misunderstood and indeed commonly has been so misconstrued. Even though the philosophy of radical reality is human life, it must not be taken in a rigid, abstract sense. The freedom that informs life and makes history possible in the first place is pliable to our thoughts about it. It gracefully adapts to, and embraces, history and art, love and biography, psychology and sociology, epistemology and metaphysics, science and theology. It does not disdain fiction, poetry, and the merest anecdotal human fact can find accommodation within it. With Ortega philosophy begins once again to veer in step with Cicero's ancient claim that "philosophy is the art of life" and no less with Terence's celebrated truism: "I am a man; nothing human is alien to me." This is not to say that despite his admirable versatility Ortega himself covered the full range of this humane philosophy. For instance, he had little to say about theological matters, and what he did say was characteristically cautious and guarded, one is tempted to say tentative and almost timid in tone. Julián Marías, Ortega's most illustrious disciple, offers the plausible explanation that Ortega chose not to encroach on a theme which Unamuno had treated passionately and at length, particularly in *Del sentimiento trágico de la vida*.[32] In his own work in which he extends and deepens the philosophy of radical reality, Marías himself did not hesitate to apply this way of thinking to transcendent dimensions of human life and to speculations about the afterlife.

A second misconception about *¿Qué es filosofía?*, as this writer sees it, is the assertion made by Victor Quimette (*José Ortega y Gasset*. Boston. Twayne, 1982) and seconded by other Ortegan critics such as Orringer and Morón-Arroyo that Ortega felt the pressure of Heidegger and responded to the German philosopher's implicit challenge laid down in *Sein und Zeit* (1927).[33]

Was this really the case? Ortega was well acquainted with Heidegger's thought, though the parochial bias of intellectually predominant Germany and France, each in its respective sphere, would probably have kept Heidegger and French intellectuals from knowing very much in turn about Ortega's work. (An

---

[32] In an unpublished lecture delivered in Soria, 1973, Marías makes the point that for Ortega it would been "intrusive" to encroach on a theme that Unamuno had treated so "intensely" and "obsessively."

[33] "There was a discernible readjustment in Ortega's thought after 1927, the result, at least in part, of his reading of Martin Heidegger's *Sein und Zeit*, published that same year. Suddenly the evolution of philosophy threatened to surpass Ortega as he found in another member of his generation many concepts disconcertingly similar or related to his own work." *José Ortega y Gasset*, Boston, Twayne, 1982 p. 103.

exception may be made in the case of Camus who expressed his admiration for Ortega.) In any case, instead of taking it as a threat to his own originality, Ortega saw the limitations of Heidegger's philosophy and correctly predicted that the promised second volume of *Sein und Zeit* would never materialize. Some of these limitations are obvious even to ordinary readers. For example, Heidegger sets out to analyze time and human existence, or at least the title of his famous work leads one to think so. Yet despite his almost reverential awe of time—or perhaps because of it—he never tells the reader what time is except to say that it is "the horizon of every understanding and interpretation of being." As for his analysis of *Dasein*, seldom if ever to my knowledge does he so much as mention man. Such remoteness, even if only verbal, from the living person of flesh, blood, and history would have been unthinkable for Ortega whose disdain for abstract, murky language is well known. And Heidegger's insistence on *angst*, supposedly inherent in human existence and so popularized in literary circles that it has entered the English language and perhaps others as well, is probably as far as one can get from Ortega's zestful, sportive, and lyric view of human life mentioned earlier. Of course, as Ortega pointed out, in human life there are also moments of *Sorge* and *Angst*, of care and anguish, but there are also moments of joy and play, love and friendship, and other emotional registers too many to mention here. It would be unfair to Heidegger to color his entire work with human morbidity, just as it would be to insist too much on the sportive, lyric sense of life in Ortega. Indeed, Ortega points out in his celebrated essay on Goethe (*Pidiendo un Goethe desde dentro*, 1932) that he had expressed the notion of human life as insecurity and uncertainty in *Meditaciones del Quijote*, thirteen years before *Sein und Zeit*.³⁴ And the same can be said of truth as *alétheia*, or unveiling, to cite but two examples of common or similar themes in the two thinkers. The priority of these and other concepts in Ortega's work led him to declare categorically in the cited essay on Goethe that he owed very little to Heidegger despite the fact that their doctrines converge on the same or similar points.

But if *¿Qué es filosofía?* was not a response to the Heideggerian "challenge," as Ouimette puts it, then what is the real significance of the work and where does it fit in the corpus of Ortegan thought? Let us turn for a response to the internal evidence of the work.

To begin with, Ortega covers an immense philosophical territory in these lectures, which is a primary indication that the work is not a hastily contrived attempt to shore up a precarious reputation, and in fact no such justification is mentioned at all. Instead, Ortega answers the question of what philosophy is by retracing its history and multiple permutations from ancient to modern times. He does so as an overarching survey, not as an annotated account of each phase and period of philosophy. This approach is understandable given his heterodox audience and time restraints.

Nevertheless, this historical survey is not incidental to the meaning of philosophy, as he understood it. The fact that human

---

³⁴ "Apenas hay uno o dos conceptos importantes de Heidegger que preexistan, a veces con anterioridad de trece años, en mis libros. Por ejemplo, la idea de la vida como inquietud, preocupación por la seguridad, se halla literalmente en mi primera obra, *Meditaciones del Quijote*, publicada en ¡1914!", *Pidiendo un Goethe desde dentro, Obras completas*, IV, p. 403.

life is invested with freedom and therefore has a history, or better, that it is radical because it is a historical reality, means that philosophy, as the art of life, must also be historical. In this sense, the sense of historical reason, the history of philosophy is consubstantial with philosophy itself.

As for the circumstances under which Ortega delivered these lectures, it is tempting to dwell on the inconveniences he faced, some of which were mentioned at the outset of these commentaries: an unusually large and philosophically naïve public, the exotic setting outside the university, which deprived the speaker of familiar university surroundings and supports and exposed him to potentially disruptive influences and unsympathetic scrutiny, and, most of all, the length and complexity of the lessons, which required a rigorous intellectual discipline and not only an uncommon mastery of content but also, and not least, sustained rhetorical power.

At the same time, however, can we not say that Ortega was in his element in such a setting? Where better for one keenly aware of the dramatic cast of philosophy than by ironic happenstance to be on a theatrical stage? What public better suited to his talents and purposes than a heterodox audience, a veritable microcosm of the Spanish populace, assembled so as to be seductively initiated by the master metaphysician into the great philosophical drama? For him, philosophy was an exercise in high drama in which mental dexterity and sportive challenge had their part: it was the reenactment of enlightened man imposing his will on the brute, perilous world. It was the pursuit of the elusive unicorn. It was Theseus battling the monstrous Minotaur, Odysseus outwitting Polyphemus, Perseus slaying the dreadful Gorgon.

Ortega was reaching the peak of his powers in those early months of 1929. If *Meditaciones del Quijote* was his most poetic work, and *La rebelión de las masas* his most dramatic, *¿Qué es filosofía?* was perhaps his most ambitious philosophic venture. The time had come to launch his philosophy in its full compelling complexity before the widest public available. The lectures exude his confidence, his assurance, that he has escaped the gravitational pull of Cartesian subjectivism, its descendent phenomenology, and no less, what Ortega often referred to as the "bourgeois realism" of the positivists and pragmatists, on which so much of modernity was founded. He holds nothing back; each lesson deepens and broadens the theme of the new vision of the philosophic enterprise. And his audience stays with him, swelling its ranks, warming to the task, caught up in the excitement, if not the mastery of the new themes. Still, Ortega does not plunge heedlessly ahead. Always mindful of his audience, he offers an early cautionary note: "There before us is a new life . . . I am not disposed to say all I see. It would be to no avail, frightening without convincing, and it would frighten because it would not be understood, better said, because it would be misunderstood."[35]

But we have not linked *¿Qué es filosofía?* to *Meditations on Quixote* as promised earlier. Let us attempt to do so now. Naturally we begin with the heart of Ortegan philosophy and his most celebrated maxim: "I am I and my circumstance, and if I do not save it I shall not save myself."[36] This is gorgeous language

---

[35] José Ortega y Gasset, *¿Qué es filosofía?*, VIII, p. 293.

[36] "Yo soy yo y mi circunstancia y si no la salvo a ella no me salvo yo," *Meditaciones del Quijote*, I, p. 322.

we must admit, but precisely what does it mean, particularly in light of *¿Qué es filosofía?* Fifteen years later with a bow to Descartes, Ortega writes: "We need, therefore, to correct the point of departure of philosophy. The radical datum of the Universe is not simply: thought exists or I exist as a thinking being—but rather if thought exists, then ipso facto exist the I who thinks and the world in which I think—and the one exists with the other without any possible separation. But in isolation neither am I a substantial being nor is the world—but rather we both are in active correlation: I am one who sees the world and the world is for me. If there were no things to see, think, or imagine, then I would not see, think, or imagine—that is to say, I would not be."[37]

The nucleus of the Ortegan doctrine and the intense intellectual concentration that allows him to escape Cartesian-Husserlian subjectivity was already implied in his famous maxim of 1914. But here the reasoning is extended. Ortega finds no reason to deny that Descartes was on solid ground in asserting that thinking is, or can be, the "proof" of "my" existence, *provided the formula for my existence is complete*. And the completion is this: if I see, think, or imagine, I can only do so if there is *something* to see, think, or imagine. I am aware of myself only insofar as I am appositionally aware of objects. I think only if I think things. The most fundamental fact, therefore, is not my solitary existence but rather my coexistence with the world. Neither Descartes nor Husserl is discredited by the Ortegan dialectic. They are his starting point on the road to radical reality. Their contributions are preserved and put to use in an expanded paradigm. In this sense Ortega did indeed continue to be indebted to Descartes and

---

[37] *¿Qué es filosofía?*, VII, pp 402-403.

Husserl as well as to many other thinkers, but his debt should not be taken, as too often it seems to be, as a disqualification of his original contributions to philosophy.

It should be noted in this context that "my" relationship with the world, my coexistence, has a moral and ethical dimension that we can only point out in passing. My inseparability with the world signifies more than it says. I cannot save myself at the expense of the world, of things, of others. The structure is firm and imperative, and if, as Ortega writes in the *Meditations*, everything, including everyone, carries within the possibility of a plenitude, it means also that each one bears within the disquieting possibility of failure. We cannot escape our circumstance for it is a part of us, nor by that same reason can our circumstance stand free of us. The proof of being is also proof of moral being.

C. Conclusions

Here—it is now May of 1929—the Ortegan dialectic begins its final ascent to its liberating, transcendent conclusions. The world I see before me permits me to see. I cannot see if there is nothing to see, nor can I know without an appositional relationship with things beyond me. There can be no subject without objects. Things and I, others and I, are in a reciprocal relationship, each dependent on the other. My being is, therefore, being not with the world at large—too vast and vague—but with my near and humble personal circumstance. My subjectivity depends on the existence of things without any possible separation. I am not aware of myself except by becoming aware of the objects that are not I. Therefore, the most fundamental fact is not my singular existence deriving from my thinking but rather my coexistence with the world in order to think at all. I coexist with things; therefore, I think them, suffer them, use them, understand them, perhaps love them. The relationship is sealed: I am I and my circumstance, and if I do not save it, if I diminish it, I diminish myself.

At the end of this long dialectical road, which we have so briefly trodden here, with the exuberance that was typical of his thinking at this moment of his life, Ortega describes the euphoria of freedom: "We are (now) outside the confines of the ego, the sealed room of the sick, a room made of mirrors that despairingly reflected back to us our own profile. We are outside, in the fresh air, our lungs again open to the cosmic oxygen, our wings ready for flight, and our hearts directing us to that which is lovely."[38]

It was indeed a moment of euphoria, but it was not destined to last. The philosophical community little heeded and most soon forgot Ortega's dramatic gambit. Within a few years his personal and professional life was in disarray. Many years of exile lay ahead of him, and when he returned to Spain in 1945, he was more of a historical curiosity than a public voice of reason. He had lost more than a decade of Spanish life and was out of step with it. There would be other important landmarks: The Institute of Humanities with Julián Marías, honors and recognition abroad, including North America, important writings that

---

[38] "Estamos fuera del confinado recinto yoísta, cuarto hermético de enfermo, hecho de espejos que nos devolvían desesperadamente nuestro propio perfil—estamos fuera, al aire libre, abierto otra vez el pulmón al oxígeno cósmico, el presta al vuelo, el corazón apuntando a lo amable" *¿Qué es filosofía*, VII, p. 411.

reestablished his standing in Spain and Latin America. But the early exuberance was diminished, and he was frequently despondent. Announced works were not completed. He was not so prescient as before, seeing only a dark age of socialistic despotism looming in the future. Health problems slowed him, and his life ended in 1955.

What then can one say of Ortega in summary? Realistically perhaps only this: his philosophy survives, awaiting those with the creativity and generosity of mind and spirit to develop it and perhaps put it to good use. In this writer's opinion, his is the most inviting philosophy of our time. Dozens of pathways beckon to us in his thought. What Julián Marías described as "page quality" is probably nowhere richer in modern letters than in Ortega. The jubilant Ortega at the height of his rhetorical and lyrical power is almost irresistible. One tends either to yield to his genius in appreciation or flee from him annoyed by his brilliance. This also he has to his credit: he introduced philosophy to several generations of non-specialists and insofar as he could brought it to the public arena, as Socrates expounded his teachings to the busy hum of the ancient *agora*.

It is easy to understand why sincere scholars of his work have labeled Ortega in so many conflicting ways and why it is hard for anyone to resist doing so. He was a man of uncommon complexity, and if one searches for them within his writings there may be found the proofs of his liberalism and conservatism, his debts to other thinkers and his own originality. He can be categorized at once as a man of the privileged and the populace, which caused him to be generally distrusted by politicians of all stripes. He was probably the best professor of his generation, the most gifted speaker of the Spanish language, and acclaimed by many as the most admired prose writer since Cervantes, and the prime architect of the most advanced philosophy of the twentieth century. Excellence marked nearly all his many efforts. He was a man in control of himself yet given to high mirth and melancholy but often afflicted with illness. He was alternately honored and exiled. Like so many Spaniards of his time he was obliged, or felt obliged, to do too much, perhaps to write too much. Great gifts often short circuit into eccentricities. This was not true of Ortega; he knew who he was and what he could do and consequently felt no need for such pretenses. He had many hopes, but he was no airy optimist. He once wrote that men were becoming stupid again, and the maelstrom of the Civil War and World War II made his words prophetic. He never knew the sheltered world of the godlike nineteenth-century German professor or the Oxford don trailing honors behind ivied walls. The turbulent world of Spain was ever very much with him. Like other Spaniards over the ages he wrote amidst hazards and opposition that would have crushed a weaker person. But through it all and by all accounts, he did so with princely grace. In him it may be said that Buffon's dictum came true: style was the man.

Bibliography

Baroja, Pío, *Obras completas*. Madrid, Plenitud, 1947.

Marías, Julián. *Antropología metafísica. La estructura empírica de vida humana*, Madrid, Revista de Occidente, 1970.

_____.*Nuevos ensayos de filosofía*, Madrid, Revista de Occidente, 1968.

_____.*Ortega. Circunstancia y vocación*. Madrid, Alianza Editorial, 1963.

_____. *Ortega. Las trayectorias*. Madrid, Alianza Editorial, 1983.

_____. *Persona*, Madrid, Alianza Editorial, 1996.

Morón-Arroyo, Ciriaco, *El Sistema de Ortega y Gasset*, Madrid, Alcalá, 1968.

Orringer, Nelson, *Ortega sus fuentes germánicas*, Madrid, Gredos, 1979.

Ortega y Gasset, Eduardo, "Mi hermano José: recuerdos de infancia y mocedad," *Cuadernos Americanos*, XV, iii, 174-21.

Ortega y Gasset, José, Madrid. *Obras completas*, Revista de Occidente, 1961.

Ortega y Gasset, Manuel, Madrid. *Niñez y mocedad de Ortega*, C.L.A.V.E., 1964.

Ouimette, Victor, *José Ortega y Gasset*, Boston. Twayne, 1982.

Raley, Harold C. "*Husserlian 'Reduction' seen from the Perspective of Phenomenological 'Life' in the Ortegan School,*" Analecta Husserliana. The Netherlands: Kluwer, Vol. XXXVI, 1991, pp. 371-385.

_____. "*Phenomenological 'Life': A New Look at the Philosophical Enterprise in Ortega y Gasset,*" Analecta Husserliana. The Netherlands: Kluwer, Vol. XXIX, pp. 93- 105.

_____. "*The Evolution of Phenomenology: Ortega, Heidegger and the Analytical versus Empirical Distinction in Marías,*" Analecta Husserliana. The Netherlands: Kluwer, Vol. LIV, 1998, pp. 377-388.

_____. *A Watch over Mortality: The Philosophical Story of Julián Marías*. New York. State University of New York Press, 1997.

_____. *Responsible Vision: The Philosophy of Julián Marías*. Clear Creek, Indiana. The American Hispanist, 1980.

Scheler, Max. *Vom Umsturz der Werte*. Bern, Franke Verlag, 1972.

Silver, Philip W. *Ortega as Phenomenologist*. Columbia, University Press, New York, 1978.

Unamuno, Miguel de. *The Tragic Sense of Life*. London, Macmillan and Co., 1931.

Husserlian "Reduction" seen from the Perspective of Phenomenological "Life" in the Ortegan School.[39]

In keeping with one of the announced purposes of this Congress (and most likely the main one) of assessing the scope of Husserlian intuitions in present-day phenomenological philosophies, disciplines, and arts, I propose to examine briefly in the following study some points of contact between Husserl and Ortega so as to be able to indicate in a general way how the phenomenology of the great German thinker affected the Spanish philosopher.

Let us begin with what is evident: *Ortegan philosophy would be inexplicable without Husserl* for reasons which I hope to outline in this paper. In a broader sense the same is true of the enormous Germanic current flowing throughout Ortega's thought. He admits it himself: "Do not forget that concerning what is insinuated herein: it has been stated by one who owes to Germany four fifths of his intellectual domain and who feels more aware than ever the unquestionable and gigantic superiority of German learning over all others."[40]

---

[39] A.T. Tymieniecka (ed.), *Analecta Husserliana*, Vol. XXXVI, 371-385, 1991 Kluwer Academic Publishers. Printed in the Netherlands. This address was delivered in New York (1990).

[40] "No se olvide, para entender lo aquí insinuado, que va dicho por quien debe a Alemania las cuatro quintas partes de su haber intelectual y que siente hoy con más consciencia que nunca la superioridad indiscutible y gigantesca de la ciencia alemana sobre todas las demás" *Obras completas*," Madrid. Revista

In the case of Husserl, the history of his impact on the Ortegan way of thinking may be traced to the School of Marburg around the year 1911 when the young Ortega was studying Neo-Kantianism under the intellectual tutelage of Hermann Cohen. Despite his pleasant personal memories of that experience, Ortega states in 1933: "Strictly speaking, that youthful group had never been Neo-Kantian."⁴¹ For Ortega as well as his companions Nicolai Hartmann and Heinz Heimsoeth Neo-Kantianism was a philosophy *forced* on them. He criticizes the Neo-Kantian thinkers for what he calls their ". . . insufficient scrupulousness and an excessive zeal to be right."⁴²

For these youthful students at Marburg their only recourse was to abandon the Neo-Kantian citadel and set out in search of their own philosophy. Fortunately they found in Husserl's phenomenology the instrument that was to facilitate the transition. But it should be noted that phenomenology in itself was not the philosophy they sought. In Ortega's words, ". . . instead of being a philosophy for us, phenomenology was . . . a stroke of good fortune."⁴³

How are we to understand the "instrumentality" of phenomenology if it is true, as Ortega claims, that he abandoned

---

de Occidente, 1961-64, IV, 347, n. 1 [1930]. This and subsequent references will be to the *Obras* by volume.

⁴¹ "Aquel grupo de jóvenes no había sido nunca, en rigor, neokantiano" (*Obras*, VIII, 42)

⁴² ". . . insuficiente escrupulosidad y el excesivo afán de tener la razón" (*Obras*, VIII, 40).

⁴³ ". . . la fenomenología no fue para nosotros una filosofía: fue . . . una buena suerte" (*Obras*, VIII, 42).

phenomenology ". . . at the very moment of receiving it"?[44] This and similar statements by Ortega have fueled prolonged debates over his philosophic originality. My aim is not to provoke more controversy but rather to point out where and how, as I see it, the nucleus of his thought reveals links to the phenomenological method of Husserl.

Husserl's procedure is well known, and for that reason I shall limit myself to "reducing" it as follows to the three fundamental operations: (a) the phenomenological reduction, i.e., the suspension (*epokhé*) of postulates or beliefs issued by common sense or science regarding the value or transcendence of the intuited object; (b) the *eidetic reduction*, which is to say, the perceptive generalization by which the conscious *Erlebnis* or intuition of any object acquires universal validity; (c) thus purified, perception then leads to a description of objects as they are constituted in cognition. In other words, in their reduced condition phenomena permit us to see them as cognoscible acts or manifestations. Unlike so-called "natural" and daily "seeing," phenomenological "seeing" goes a step further and becomes a *seeing* that is also *cogitatio*.[45]

---

[44] ". . . en el momento mismo de recibirla" (*Obras*, VIII, 273).

[45] Ortega argues that "natural" or pre-phenomenological seeing really amounts to a form of *cogitatio*: "If there were only a passive seeing, then the world would be reduced to a chaos of luminous dots. But beyond passive seeing there is an active seeing that interprets as it sees and sees by interpreting . . . Plato found a divine word for these versions: he called them *ideas*. Therefore, the third dimension of an orange is but an idea, and God is the final dimension of the meadow." (Si no hubiera más que un ver pasivo quedaría el mundo reducido a un caos de puntos luminosos. Pero hay sobre

Husserl then appears to discover what has been implicit since the first phenomenological procedures: *the transcendental ego*. In his *Cartesianische Meditationen* (1929) he explains that the objective world, the only one that exists for him, derives its existence as such as well as the meaning of the latter from the ego insofar as it is a *transcendental ego*.[46] However, far from being identical to the self-contemplative in the psychological sense, the transcendental ego constitutes the radical reality through which all other realities become susceptible to cognitive apprehension. It is important to bear in mind the radicality of the transcendental ego in order to understand the metamorphosis it undergoes in the hands of Ortega.

Up to this point Ortega and his companions from Marburg appear to follow the pathway pointed out by Husserl. But at this juncture with pure immanent consciousness they begin to have certain reservations and objections. According to Nelson Orringer, "Husserl . . . is not able to convince his students who, far from accompanying him on his return to subjectivity, apply his method to things, to the phenomena about them.[47]

Back in Spain after his stay in Germany, Ortega proceeds at once to outline his own phenomenological version of reality. But

---

el pasivo ver un ver activo, que interpreta viendo y ve interpretando . . . Platón supo hallar para estas visions que son miradas una palabra divina: las llama *ideas*. Pues bien, la tercera dimension de la naranja no es más que una idea, y Dios es la última dimensión de la campiña [*Obras*, I, 336]).

[46] E. Husserl, *Cartesian Meditations*, transl. Dorior Cairns. The Hague, 1960, p. 26.

[47] Nelson Orringer, *Ortega y sus fuentes germánicas*. Madrid, Gredos, 1979, p. 39.

bear in mind that his reality is Spanish, for this fact radically conditions his philosophy in form as well as content. For example, Ortega realized that the Spanish language lacked even a philosophic lexicon that would be up to the level of modern thought. Yet what at first seems to be a hindrance turns out to hold certain advantages. For like old coins that are worn from too much use, the old philosophic terms and concepts, the common property of the most disparate systems, had lost much of their vigor and precision. This meant that by creating a new philosophic vocabulary Ortega endowed the philosophy expressed in the Spanish language with certain potentialities that are nothing less in the deepest sense than new ways of understanding reality itself.[48]

Because of this same circumstance one searches in vain for treatises and huge tomes in Ortega's published work. Instead, he addresses the larger public; his philosophy has an aura of the *agora*, the *plaza*, and often appears to be an energetic discussion with his readers. For Ortega, a man of the Mediterranean world, speech, the *logos*, always presupposes the hearer, the friend, who listens with limited patience and stands ready to object if he hears dull or foolish things. To speak is first of all to persuade, and for this reason Ortega shuns all supine or passive notions of truth. Clarity and power of style become not only forms of respect and courtesy on the part of the author but also an entire perspective of reality. In Ortega we find the deeply rooted belief that what is poorly expressed cannot hope to be an expression of truth. On

---

[48] Here is a partial list of terms invented, resurrected, or modified by Ortega, many of which have passed into common or journalistic language: *vivencia, ensimismamiento, alteración, razón vital, generación*, etc. etc.

the other hand, reality appearing as eloquence can be thought of as the *sonorous image of truth*. This same intuition led Machado the poet to observe that "Truth is also a creation."

This Spanish and Latin perspective of the world is one reason why circumstantiality is a formal component of Ortegan thought. My view differs from that of distinguished scholars of Ortegan philosophy (Orringer, Morón-Arroyo, Milinuevo and others) who argue that Ortega simply incorporates ideas of circumstantiality learned in Germany (from Simmel and others). Without denying the Germanic influences, I hold on the contrary that his Spanish experience is the decisive factor (and further that what Ortega means by "circumstance" cannot be reduced to such influences). I incline to this view because despite the Germanic antecedents in the formal statements about circumstantiality, there is not, as far as I know, anything that could be characterized as *circunstancia*, as Ortega understands it, in Germany. The same could be said of Ortegan philosophy as a whole. To put it another way, if the Germanic concepts resemble those of Ortega in certain important ways, which corroborates the so-called "Teutonic influences," the radicality of Ortega's view of them has no parallels in Germany that I know of, which confirms his philosophic originality—at least to my own satisfaction.

And it is precisely in the presence of the specific and concrete phenomena of his circumstances that Ortega reveals great debts and profound differences with regard to Husserl. Unless I am mistaken, the starting point is this: the Husserlian method was for Ortega nothing less than an access route to what was to guide the rest of his philosophic production, namely, *the radical reality of human life*. The following points should be noted: the adjective "radical" is essential in any reference to life in Ortega's thought, and it is possible to reach the deepest strata of this intuition only by following the initial steps taken by Husserl. This, then, expressed in the simplest terms is the undeniable and debt of Ortega to Husserl.

What kind of philosopher would Ortega be without Husserl? Naturally there is no real way of knowing, but his pre-Husserlian production affords us a clue to the enormous impact of phenomenology on his thought. In his earlier writings we find an Ortega with a socio-moralistic viewpoint and, if we can believe many scholars of his first intellectual phase, strongly influenced by Guyau.[49] The so-called "second" phase of his career (1907-1911) during which his adherence to Neo-Kantian critertia is apparent seems to verify the youthful Ortega's inclination toward abstract, rationalistic, and extra-artistic interpretations.[50]

With Husserl, on the other hand, Ortega comes into immediate and morphological contact with phenomenological reality. It is important to emphasize also that the phenomenological perspective frees him from the huge rationalistic accumulation visible in his earlier thought and which because of its sheer volume had become a hindrance. The transition to the phenomenological method lifts this weight from his shoulders, as it were, and perhaps it is for this reason that in subsequent writings his style becomes lighter and there are frequent metaphors of flight. One could almost say that his philosophy

---

[49] So argue, for example, Ciriaco Morón-Arroyo, *El sistema de Ortega y Gasset*. Madrid, Ediciones Alcalá, 1968, pp. 77-81, and Demetrios Basdekis, *The Evolution of Ortega y Gasset as Literary Critic*, Lanham, New York University Press of America, 1986, pp. 1-13.

[50] See Basdekis, *The Evolution of Ortega, op. cit.*, p 9.

takes wing with allusions to falcons, hawks, and eagles.

Let us now consider certain illuminating parallels between the two thinkers. In Husserl's *Ideas* we find the following passages that deserve to cited in their entirety: "I am aware of a world, spread out in space endlessly, and in time becoming and become, without end. I am aware of it, that means, first of all, I discover it immediately, intuitively, I experience it. Through sight, touch, hearing, etc., in the different ways of sensory perception, corporeal things somehow spatially distributed are *for me simply there*, in verbal or figurative sense with them . . ."[51] And he goes on to say: "It is then to this world, *the world in which I find myself and which is also my world-about-me*, that the complex forms of my manifold expressions that are sifting spontaneities of consciousness stand related . . ."[52] The diverse acts and states of will and sentiment as well as the final acts of the Ego, through which I come to be acquainted with the world given to me *immediately*, are, or so Husserl argues, included in the Cartesian expression: *Cogito*.

But no sooner has Husserl so outlined this immediate world than he suspends it via the *epokhé*, leaving only the *Erlebnis*, the pure experience and consciousness, which must be understood in reference to the Ego that sustains or substantiates the natural perspective of the world. It is not my purpose to trace Husserl's thought on its return trip to Cartesianism, which would be beyond both my scope and aim here; my more modest intention from this point on is to examine and insofar as possible to

---

[51] E. Husserl, *Ideas*, trans. W.R. Boyce Gibson, London. George Allen & Unwin Ltd, p.100.

[52] *Ibid*. p. 103.

compare the initial steps of both thinkers so as to outline beyond the influences already mentioned the nature of their divergence. With this in mind let us look at the procedure taken by Ortega in his celebrated and difficult *Meditations on Quixote,* since it is this work that reveals his full mastery of the phenomenological method and the writing he always pointed to as the first fully mature expression of his philosophy.[53]

To begin with, Ortega finds himself within a circumstance that far from being a generic world is a *personal situation.* "My natural access to the universe opens up through the passes of the Guadarrama Mountains or the field of Ontígola.[54] It should be noted, however, that from the beginning circumstantiality does not appear as a merely finite world but rather as a way of gaining access to the cosmos.

Situated in this personal circumstance, Ortega sees the massive structure of the Escorial rise before a summit whose slopes are covered by a dense forest. Ortega approaches the wood through what at first appears to be pure sensory perception. For him, as well as for Husserl, the world is first of all "present," "out there," as it were, via the senses: touch, sight, hearing, etc. At the same time his approach is a desire to penetrate, to be intimate with the reality he confronts, and for this reason he is aware of himself insofar as he stands in a certain

---

[53] "Since 1914 the intuition of the phenomenon 'human life' has been the basis of all my thought." (Desde 1914 . . . es la intuición del fenómeno 'vida humana' base de todo mi pensamiento" [*Obras,* VIII, 273 nota]. This was written in 1947.

[54] "Mi salida natural hacia el universo se abre por los puertos del Guadarrama o el campo de Ontígola" (*Obras,* I, 322).

relationship to the world. He speaks in the first person ("I have now before me these two sounds . . .").[55] In other words, he is aware of his acts and feelings as he attempts to discover the world. There is nothing new in this attitude, of course. But then he takes other steps that put us on the alert. Presently we shall see what they are.

First, however, we should indicate these additional facts about his starting point. In *Sobre el concepto de sensación* (a study of *Untersuchungen über den Empfindungsbefriff* by Heinrich Hoffmann), published shortly before *Meditations* and from the same (or at least similar) phenomenological plane, Ortega unmistakably reveals his Husserlian grounding: "Before they can be thought of as real or unreal, objects are objects, that is, presence immediately apparent to consciousness. The feature that distinguishes phenomenology as something new consists of elevating to the level of a scientific method the attention paid to such experience [*lo vivido*] within this plane of the immediate and patent as such"[56] But then he adds this interesting reservation: "The error to be avoided is that inasmuch as pure consciousness is the primary and inclusive form of objectivity, there is then a wish to circumscribe it within a partial class of objects such as reality. Reality is 'consciousness of' reality; therefore, consciousness can hardly be, turn, merely *a* reality."[57]

---

[55] "Tengo ahora delante de mí dos sonidos . . ." (*Obras*, I, 334).

[56] "Los objetos son, antes que reales o irreales, objetos, es decir, presencias inmediatas ante la conciencia. Lo que hace la fenomenología una novedad consiste en elevar a método científico la detención dentro de este plano de lo inmediato y patente en cuanto tal de lo *vivido*" (*Obras*, I, 256).

[57] "El error a evitar radica en que siendo la pura conciencia el plano de las

In his *Prólogo para alemanes* (1933) Ortega's earlier and more tentative objections have now become sterner:

"As I create for myself the illusion that I abandon my position of my former "primary consciousness" I merely place in its stead a new and fabricated reality: "suspended consciousness", one that has been anesthetized. We must proceed inversely: at the moment when we are ready to leave in search of what really is there—the radical reality—we must stop and go no further, take no other intellectual steps. On the contrary, we must fall back on the realization that what really is there is this: a man who seeks pure reality, the pure given.[58] And then he goes on to say: "This was the road that led me to the Idea of Life as the radical reality."

For Ortega, therefore, the primary datum is not the Ego, if by such we are led to understand the "consciousness of" phenomena, but rather the living man or woman, the person that I am. According to the celebrated formula of Ortega, "I am I and

---

vivencias, la objetividad primaria y envolvente, se la quiere luego circunscribir dentro de una clase parcial de objetos como la realidad. La realidad es 'conciencia de' la realidad; mal puede, a su vez, ser la conciencia una realidad" (*Obras*, I, 256).

[58] "Al hacerme la ilusión de que *quito* la posición de mi anterior 'conciencia primaria' no hago sino poner una realidad nueva y fabricada: la 'conciencia suspendida', cloroformida. Hay que proceder inversamente: en el momento de partir en busca de lo que *verdaderamente* hay, o realidad radical, detenerse, no operar hacia adelante, no dar un *nuevo* paso intellectual, sino, al revés, caer en la cuenta que lo que verdaderamente hay es eso: un hombre que busca la realidad pura, lo dado" (*Obras*, VIII, 53 [final italics mine]).

my circumstance."[59] If for Husserl the existence of the world of primary objects or realities is constituted in transcendental consciousness,[60] for Ortega it is "rooted" or grounded in "my life." Of course, neither Husserl nor Ortega claims to reduce the real world to emanations of consciousness as such, for this would be to fall back into the exaggerated idealism of a Fichte. Neither do they stand for any sort of absolute objectivity, for this would be a realism in keeping with the so-called "natural attitude." They are alike in that they avoid the extremes of both positions by realizing that insofar as things are, *they are* for me, since they are the intentional content of my experiences (*vivencias*). For example, Husserl states "Just as the reduced Ego is not a piece of the world, so, conversely, neither the world nor any worldly object is a piece of my Ego.[61] Yet he goes on to note that while this form of transcendence in anything "worldly" is therefore intrinsic, this does not negate the fact ". . . that anything worldly necessarily acquires all the sense determining it, along with its existential status, exclusively from my experiencing, my objectivating, thinking, valuing, or doing, at particular times— notably the status of an evidently valid being is one it can acquire

---

[59] "Yo soy yo y mi circunstancia" (*Obras*, I, 322). Undoubtedly this is the most quoted of all Ortega's writings. Indeed, it has passed into popular speech and achieved the status of a cliché.

[60] ". . . this world, with all its Objects, I said, derives its whole sense and its existential status, which it has for me, from me myself, *from me as the transcendental Ego*, the Ego who comes to the fore only with transcendental-phenomenological *epokhé*". (*Cartesian Meditations*, p.26).

[61] Husserl, *Cartesian Meditations*, p. 26.

only from my own evidences, my grounding acts.⁶² Therefore, for Husserl all questions of what he calls "objective transcendency" must be referred ". . . to this experience itself . . . the manner in which it can occur as experience and become verified as evidence relating to an actual existent with an explicatable essence of its own, which is not my own essence and has no place as a constituent part thereof, *though it nevertheless can acquire sense and verification only in my essence.*"⁶³

Let us now hear what Ortega has to say from a position very close to that of Husserl:

> Instead of beginning with consciousness, as has been done since Descartes, we stand firm on the radical reality that life is for each person. Its radicality does not come from being perhaps the only reality, nor even in being anything absolute. It means simply that in the happening called life every other reality, even those that claim to transcend life, is given to each person in the form of presence, indication, or symptom. It is, therefore, the root of all other realities, and only for this reason is it radical.⁶⁴

---

⁶² *Ibid.* p. 26.

⁶³ *Ibid.* p. 106.

⁶⁴ "En vez de despegar de la conciencia, como se ha hecho desde Descartes, nos hacemos firmes en la realidad radical que es para cada cual su vida. Lo que tiene de radical no es ni ser, tal vez, la única realidad, ni siquiera ser algo absoluto. Significa simplemente que en el acontecimiento *vida* le es dado a lo que verdaderamente hay es eso: un hombre que busca la realidad pura, lo dado" (*Obras,* VIII, 53).

(Husserl)" . . . this world, with all its Objects, I said, derives its whole sense and its existential status, which it has for me, from me myself, *from me as the transcendental Ego,* the Ego who comes to the fore only with transcendental-

Because it is "radical" (*radical* is the Latin for "root") life cannot be reduced to any so-called "rooted" reality as consciousness, psychology, or the physic states so important in existential literature in this century. This is why well into his philosophic career Ortega's early reservations regarding Husserlian consciousness led him to reject the very notion of consciousness, as a mere hypothesis that could not stand before the radical reality of life:

The description that restricts itself rigorously to the phenomenon . . . will reveal that in a phenomenon of consciousness such as perception we find the coexistence of the "I" and the thing and that therefore the latter is not ideality, intentionality, or the like, but reality itself. Thus, in the "fact" of perception what we find is this: I, on the one hand, being for the thing perceived, and on the other, the thing being for me. Or to put it another way that means the same thing: there is no such phenomenon "consciousness of ". . . as a general form of the mind. What there is in fact is the reality that I am opening itself to and enduring the surroundings that are for me reality; the presumed description of the phenomenon "consciousness" is resolved in the description of the phenomenon "real human life" as the coexistence of "I" with the thing about me, i.e., circumstance.

For Ortega there is no turning back from the perspective of human life as the radical reality, and for this reason: as Ortegan philosophy diverges from Husserl it also veers away from the "natural position," There can be no abstraction or reduction of

---

phenomenological *epokhé* (*Cartesian Meditations*, p.26).

Op. cit., p. 26. Also p. 106.

life, not even provisionally as Descartes and Husserl might argue, with the aim of foregoing methodological instruments and purifying essences so as to return *eventually* to the world of things and effect their understanding and reality. We cannot escape the impression that for Ortega "pure" things are *poor* things, meaning that they are impoverished by out abstracting acts and therefore at a remove from ". . . the marvel that is the world."

The more or less definitive posture of Ortega would be this: he discovers phenomenologically that *my* primary relationship to things is *vitalistic*: what I really do with things is experience them, that is, I *live* them. And this means further that the being of things is realized within my consciousness, we exist/live in mutual reference: I with things; things with me; mutually involved in life, in living, as seen from the one's unique personal perspective. For this reason, metaphysics is possible in our time *only* if it is also a doctrine of human life, as Julián Marías argues.[65] Therefore, my life, the life of each person, reveals and embraces the structure of reality, because it apprehends things in their circumstantial connection. For this reason, life is system and reason, what Ortega calls "vital reason" or in its concrete and chronological aspects "historical reason."

And this is the much discussed philosophic "system" of Ortega. It should be noted that it has little to do with textual organization or format; it cannot be reduced to a systematic

---

[65] See, for example, his *Idea de la metafísica* in *Obras*, Madrid. Revista de Occidente, 1958-70, II, 369-413; or my work, *La vida como fundamento metafísico," La visión resonsable*. Madrid: Espasa-Calpe, 1977, 195-222; in English as "Life as Metaphysical Foundation," *Responsible Vision*, Clear Creek, Indiana: The American Hispanist, 1980, 161-187.

exposition from without because it is a system that claims to impose itself from within reality. The debate over this supposed system revolves around this question: would it legitimate to call this approach a system? For by "system" philosophy has always understood in the first place as a textual order imposed by the philosopher, regardless of the order of disorder of the real content of the world itself.

In order to end these comments with a summary let us return finally to *Meditations on Quixote*. Unless I am mistaken, we find here three principal features at least (of course these are not the only ones) that will characterize all subsequent Ortegan thought. First, Ortega realizes that a phenomenological description in its passive phase will not give him the hoped-for access to the forest. In other words, such a description will fail to lead him to deep realities because it cannot get beyond surfaces. For this reason, as Philip Silver notes: "When he (Ortega) says that a surface has two values, one material, the other virtual, he already distinguishes between two approaches to the world at hand: one 'positivistic,' 'impressionist,' or descriptive; another conceptual,' 'genetic,' and 'historical.'"[66] The concept, therefore, understood in all its historical and cultural meaning, becomes the indispensable instrument of the thinker.[67] To put it another way, if the depths and ultimate planes of the circumstantial world do not reveal themselves to me in an immediate and passive way, then I must go to them armed with an adequate concept. (Perhaps here we see a certain hint—or is it an indirect vindication?—of Ortega's old Neo-Kantian position.)

---

[66] Silver, *op. cit.*, 138.

[67] *Ibid*. p. 87.

But we must not lose sight of the fact that the purpose of the primary executive act is to put us in contact with immediate reality, regardless of whether it turns out to be superficial or deep. For this reason, Ortega reminds us that culture is ". . . a tactic we take to return to a sense of the immediate."[68] In his *Comentario* (which is indispensable for anyone who wishes to understand the *Meditations*) Julián Marías states: "The tactical turn referred to by Ortega is one of the principal features of his philosophic method. The point of departure is always the immediate, the individual, that which is simply given and with which I must cope. Nevertheless, I cannot remain within it, because in order to cope, in order to know how to guide myself, I must execute an intellectual act that at first takes me away from what I strive to know—ideas, concepts, in a word, culture—so as to permit me to return with these cultural instruments to the immediate reality in question and thus apprehend it."[69] This is what Ortega calls on other occasions "The Jericho Method."

Even though the ideal procedure would be, according to

---

[68] ". . . la vuelta táctica que hemos de tomar para convertirnos a lo inmediato" (*Obras*, I, 321).

[69] "La vuelta táctica a que Ortega se refiere es uno de los rasgos capitales de su método filosófico. El punto de partida es siempre lo inmediato, lo individual, aquello que es dado sin más y con lo cual tengo que habérmelas; no puedo, sin embargo, permanecer en ello, porque para *hacerme cargo*, para *saber a que atenerme*, necesito ejecutar una accion intelectual que por lo pronto me aparta de eso que pretendo conocer—idea, concepto, cultura en suma— para permitirme volver con esos instrumentos culturales a la realidad inmediata y así aprehenderla" (*Comentario* on *Meditaciones del Quijote*, Madrid. Ediciones de la Universidad de Puerto Rico, 1957, p. 255).

Ortega, to make each thing the center of the universe, for this very reason it is not possible to apprehend things without their circumstantial structure, that is, beyond any reference to my life. This is another way of saying that disconnection amounts to annihilation. Within things we suspect the possibility of a plenitude—for them and naturally for us—and the affective urge that moves us to discover the fullness of things is what Ortega calls "love," specifically *amor intellectualis*, as Spinoza puts it, so that philosophy would be, if we return to its etymological roots, *the general science of love*. Of course, loving things and seeking their fullness happens only as a function of *my life with them*.

The forest of the Meditations is, therefore, a sum of my possibilities, just as my life is the realization of their full significance. And just as things reveal themselves as a function of my life, so they acquire distance and depth in accord with my vital acts. For instance, the relationships "far" and "near" are my interpretations; insofar as they are apprehended phenomena all things are simply "present" for me. Things may sound "far," but merely by "sounding" they are sonorously *here*, else I could not hear them at all.

My life is at the same time and in the same relationship the realization of the possibilities of being within a given thing. In other words, I let them be what they can be (in part at least). Things are for me and I am for them. Life is a pact of mutual realization between the world and me. And this means further that reality is revealed and realized within a certain personal perspective. There may be for I know some "pure" or "absolute" point of view, but it would be utopian or divine and thus formally and practically *unknowable*. With Ortega tings never lose entirely their appearance of *pragmata*, of what is indispensable—

like everything truly loved and beloved—because I need it in order to go on living.

This is why reality assumes a vitalistic appearance in Ortega's thought. And this is the second feature of Ortegan philosophy. For if reality cannot be reduced to mere factum and abstract datum, to the passively phenomenological world, but reveals itself instead in the life current itself, then it stands to reason that it will not accommodate systems of thought that remain alien to human circumstance. At bottom philosophy derives from the same dramatic flow of life that enlivens the arts. This is why there are many links between Ortegan philosophy and the artistic world, and it is no wonder why there has always been some doubt as to whether what he offers is literature or philosophy. There is, of course, really no conflict at all; for his view of reality embraces both. He tells time and again that in order to know fully any human reality we must tell a story. For human reality is not simply given supinely once and for all time; it is a dramatic and narrative reality that happens. To put it another way, in dealing with human life the verb "to be" will not do. For what we "do" is live.

This means also that the real problems of philosophy are by no means abstract (although in a derivative way they be thought of as such) but rather those that arise from living, or better, those of "men" and "peoples," as Unamuno used to say. Perhaps for this reason, the most important work by Ortega does not simply bear the title *Meditations* but instead *Meditations on Quixote*, which is to say meditations on the actual circumstances of the Spanish culture.

And this brings to the fore the third consequence, perhaps the most radical and least understood of all in the Ortegan way of thinking. I refer to the question of philosophy as *form*—and by implication, as genre. From a traditional point of view Ortega's works seem frankly unsatisfactory. Even though he wrote a great deal, his books are far from the classic and academic mold of the philosophic text. On the other hand, from a more protean view of philosophy, we find in Ortega the great innovator, because the nucleus of this thought is the human vibration, the dramatic force, the aesthetic dimension, and the profound respect for the most humble and timid realities that form the notes of his vast humanistic message. He can be compared to one of his "dialectical fauns" that dart through the forests of the Escorial in pursuit of this amorous task we all human life.

What does this way of thinking and pursuing offer us? It depends, of course, on one's point of view. I subscribe to the opinion expressed by Julián Marías:

> Given the conditions of their possibility, these great radical themes, systematically unified, reciprocally reclaimed and justified, appear on the earliest horizons of this philosophy: the philosophic theory as "the general science of love," circumstance, perspective, human life . . . as radical reality . . . a theory of reality—of which being is but an interpretation—; truth as *alétheia* and, furthermore, as authenticity, from this conception, the reemergence of human life as an ultimate responsible *project* in view of its untransferable foundation; finally, the idea that closes the cycle and makes all this philosophy possible: *vital reason*."[70]

---

[70] Dadas sus condiciones de posibilidad, los grandes temas radicales, sistemáticamente unidos, recíprocamente reclamados y justificados, aparecen en el horizonte inicial de esa filosofía: teoría filosófica como 'ciencia general

To this we need add only a couple of notes. First, both the personal style of Ortega and his impressive discoveries in philosophy lead him to develop a literary style that makes it possible to express his manner of thinking. This becomes all the more important if we keep in mind the disturbing truth that in general and with as many exceptions as you may wish, modern philosophy has tried to make a virtue of bad writing and clumsy expression.

Second and finally this: the title of these abbreviated commentaries contains a reference to the "Ortegan School." The brevity of what I have to say here amounts to a defense rather than an explanation of the term. I merely mean to show that just as in the case of Husserl, Ortegan thought does not stop with Ortega. Ortega did much, and because he did, he left much more undone. For this reason, at least, the Ortegan movement must include, as I see it, the other great philosopher of twentieth-century Spain. I refer to Julián Marías. In a series of extraordinary books, many of them written in recent years at an age when most have stopped writing altogether, he has developed with diamantine-like clarity a number of themes implicit but underdeveloped in Ortega's own works. The list would include anthropological reality, the matter of philosophical genres, love, the finalities of life, the sense of Spanish life, Spain as an

---

del amor'; circunstancia, perspectiva; vida humana . . . como realidad radical . . . teoría de la realidad—de la cual el *ser* será sólo una interpretación—; verdad como *alétheia* y, más aún, como autenticidad responsible ante su fondo insobornable; finalmente, la idea que cierra el ciclo y hace posible toda esa filosofía: la *razón vital*" (*Ortega. Las trayectorias,* Madrid. Alianza Editorial, 1983, p. 227.

intelligible human history, the structure of society, and many, many more that space does not permit me to mention. Because the case of Marías, and perhaps other thinkers of the Ortegan School, if not another story, is at least another chapter.[71]

Similarly, the relationship of Ortega to the phenomenological movement cannot be completely grasped by what has been stated here. Perhaps it is enough to repeat what I said at the beginning: Ortegan philosophy would be inexplicable without Husserl. A proper respect for the truth would not let us reach any other conclusion, though a sense of fairness might prompt us to add that this in no way implies any sort of "reduction" of Ortega to Husserl. In his own unique fashion Ortega eventually parted ways with his German mentor but only after he used his directions to escape Neo-Kantianism and make his long phenomenological journey into the depths of Spanish reality. There in the symbolic wood of the Escorial he shaped his own philosophy and showed us how to separate surface and depth, light and shadow, tree and forest. [72] In philosophy such

---

[71] In other essays included in this volume I offer insights into other members of this school, but it would be erroneous to claim that my commentaries, though laudatory in the main, are in any way exhaustive. In particular, in recent years a number of younger thinkers have created—to my delight—what I think deserves to be described as the "second" wave of the Madrid or Ortegan School of Philosophy.

[72]The limitations acknowledged at the beginning of this study preclude a consideration of Ortega's links to Husserlian phenomenology in the matter of aesthetic experience. Ortega's principal ideas are set forth in the *The Dehumanization of Art* and *Notes on the Novel* (*Obras*, III 353-419). Prof. N. Orringer argues that Ortega's aesthetic phenomenology comes not directly

productive parting of ways, is, or ought to be, the sincerest kind of compliment. At the very least in Ortega's case it amounts to proof of the inherent richness of the Husserlian phenomenology to which we pay tribute in this Congress.[73]

---

from Husserl but indirectly through the work of his disciple Moritz Geiger, particularly his "Beiträge zür Phänomenologie des ästhetischen Gennusses," *Jahrbuch für Philosophie und phänomenologische Forshung*, I, 1913, pp. 567-684. See N. Orringer, *Op. Cit.*, pp. 107-132.

Algunas aportaciones españolas a la filosofía actual[73]

Con cuantos antecedentes se quiera—los trabajos de Costa, Ganivet, los viejos krausistas, entre otros—hay dos libros que a modo de hitos ideales señalan el pleno advenimiento español en la filosofía europea: *Del sentimiento trágico de la vida* (1913) de Unamuno y *Meditaciones del Quijote* (1914) de Ortega. A pesar de su proximidad temporal, sin embargo, representan muy distintos temples históricos. Es en Unamuno, que no en Nietzsche como se suele suponer, que encontramos la culminación de la *Lebensphilosophie* antipositivista. Con insistencia obsesiva preguntaba Unamuno en su estupenda obra, ¿la vida humana trasciende la razón antivital o se anula en su dialéctica implacable? Porque la supuesta relación antitética que existe entre la razón intrascendente y el conato de inmortalidad de nuestra persona de carne y hueso es el leitmotivo del libro.

Por su parte, molesto desde hacía tiempo con el rumbo irracionalista que tomara el pensamiento unmuniano e insatisfecho con la base neokantiana de su propia filosofía, no tardó Ortega en responder que la razón de la vida es inseparable de la dinámica vital, porque en el sentido orteguiano la vida se desenvuelve histórica y narrativamente como la forma suprema de la razón, lo cual significa que la razón abstracta, según Ortega, "Es tan sólo una breve isla flotando sobre el mar de la vitalidad primaria."

Del sentimiento trágico de la vida es, repito, la cima de la vieja

---

[73] Publicada en *Cuenta y Razón*, Madrid, (1998). Ed. Leticia Escardó.

Lebensphilosophie neorromántica. En cuanto tal, fuera de ecos y resonancias literarios (*San Manuel Bueno, mártir*, *Niebla*, por ejemplo), cierra un ciclo abierto en el pensamiento de Kierkegaard y Schopenhauer, y en lo sucesivo Unamuno tendrá poco que añadir a su doctrina. Tampoco habrá, como se ha verificado, continuadores filosóficos, porque lo que había dicho Unamuno nadie lo diría mejor. Es que precisamente en su momento de máximo atractivo seductor—es frecuente el fenómeno—la *Lebensphilosophie* también revela su insuficiencia filosófica y se convierte en un callejón sin salida. Si no me equivoco, será por ese agotamiento doctrinal y no por el supuesto carácter irascible e inimitable de Unamuno, como tantas veces se ha dicho, que aunque son incontables los admiradores, nunca se formó ninguna "escuela unamuniana". Pero a falta de una continuación formal, hubo otras formas de descendencia intelectual que luego comentaré.

Muy distinto es el caso de Ortega. Con *Meditaciones del Quijote* se da de alta como pensador y inicia cuarenta años de indagaciones en esta nueva manera de pensar. Durante muchos años Ortega habló de un libro definitivo—nunca publicado, y que yo sepa, nunca escrito—con el título llamativo "Aurora de la razón vital". Pero a falta del libro concreto, el título pasa a ser una rúbrica descriptiva de su obra entera. Para Ortega, la supeditación de la realidad vital al racionalismo cartesiano supone que la modernidad enderezada sobre una premisa tan fecunda y necesaria como a la larga errada.

Anteriormente hubo un breve momento, en 1911-12, cuando la fenomenología husserliana pareció ofrecerle a Ortega no solo la manera de trascender la crisis racional sino también de superar el neokantismo alemán y el positivismo predominante en el resto de Europea. Pero apenas recibida la fenomenología, Ortega la descarta por insuficiente. Pese a su metodología prometedora, la que Ortega califica de "una buena suerte" filosófica, el pensamiento husserliano termina en una recaída en el viejo *cogito* cartesiano, sobre todo en lo que se refiere a la conciencia" y lo que esta supone de realidad "suspendida" (la celebrada *epokhé* de Husserl. De acuerdo con Ortega, lo que yo descubro no es mi conciencia de las cosas, una hipótesis subsecuente y por tanto dudosa, sino las cosas mismas, o para decirlo en términos fenomenológicos más taxativos, yo me encuentro circunstancialmente con las cosas, siempre afanado en hacer algo urgente, irreductible y arriesgado con ellas, algo que llamamos *vivir*. He aquí, pues, el dato fenomenológico primario o radical: mi vida "en su incoercible e insuperable espontaneidad e ingenuidad", es decir, la famosa "realidad radical" de la filosofía orteguiana.

Nada más lejos, sea dicho de paso, de la filosofía alemana de la época. A Ortega se le ha achacado de "hurtos" y "ocultación de fuentes" respecto del pensamiento alemán. Para mí, fuera del vaivén de ideas comunes a todos los pensadores de la época, no hay tal. El mismo Ortega confiesa, siempre agradecido, haber encontrado muchas cosas valiosas en Alemania, pero su propia filosofía no figura en ellas, porque a la sazón no había nada parecido a su modo de pensar en aquel país. Ortega se adueñó del pensamiento alemán porque a principios del siglo era indudablemente el más adelantado de Europa, pero aquella experiencia, lejos de significar una postura servil ante la filosofía alemana le permitió liberarse de ella. Asimiló lo que de valor tenía y siguió adelante.

Este descubrimiento radical realizado desde la nueva

fenomenología orteguiana constituye lo que llama Julián Marías una "inflexión" en el pensamiento occidental, posibilitando todo un acervo de adelantos filosóficos que no tardan en manifestarse. Por ejemplo, si todas las cosas conocidas y conocibles, incluso las más trascendentales, están arraigadas en "mi vida", por ser esta el único ámbito donde las encuentro, esto quiere decir que vivir es aprehender las cosas en su conexión (Entiéndase bien, en *su* conexión y no la mía caprichosamente impuesta tal como pretendieran los viejos idealistas.) Para decirlo de otra manera, vivir es encontrarse obligado a saber a que atenerse respecto de las cosas, es tener que descubrir su sentido, o su carácter razonable. De modo que esta razón de las cosas es a la vez la razón de la vida. Esto quiere decir que la vida es razonable y por ello inteligible. (Es precisamente por eso que podemos calificar de sinrazones ciertas dimensiones de ella.) Además, exhibe un sentido efusivo, irradia sobre el mundo y nos permite verlo desde nuestra perspectiva en su conexión estructural. Ahora bien, esta razón abarcadora de la vida, que es a la vez su *logos* narrativo, o *explicatio* histórica, es, o debe ser, el auténtico "sistema" filosófico. A lo sumo, todo sistema inventado será un simple añadido textual.

El carácter dinámico y proteico de la realidad radical que es nuestra vida supone profundas modificaciones en la vieja ontología según la cual lo que hay se reduce a lo que es. En el pensamiento español de abolengo orteguiano este reduccionismo resulta sumamente problemático. Es evidente a todas luces que mi vida no "es" del mismo modo que son las cosas. A diferencia de las personas, por ejemplo, las cosas no son susceptibles a intimidades, desconocen la amistad y el amor y no pueden ser mis "prójimos". Las consecuencias de tal escisión son profundas:

desde Ortega la metafísica en cuanto teoría de lo real ya no se reduce sin más a la ontología, como se ha pretendido siempre, sobre todo cuando se trata de la vida humana. La realidad humana no se da de una vez por todas. "Ser persona es poder ser más" diría Julián Marías, recogiendo a nivel personal el concepto metafísico orteguiano de la potencia y la posibilidad como dimensiones de la realidad. He aquí algunas de las aportaciones del pensamiento español que aún están por explorar en toda su amplitud.

La filosofía moderna tiende a pasar por alto otra cuestión decisiva: el mismo estilo literario de la filosofía. Las categorías inmóviles y los géneros pedestres de la filosofía tradicional—sin tocar siquiera sus pobres versiones actuales—no logran captar la vida en su trayectoria dramática. De ahí el carácter opaco y falta de atractivo de la filosofía tradicional de nuestra época. Piénsese. Por ejemplo, en las enormes dificultades—iba a decir las deficiencias—descriptivas del pensamiento heideggeriano ante el *Dasein*. Son las mismas que vemos superadas desde fechas muy tempranas en Ortega y algunos de sus discípulos al darse cuenta de que lo que intuye Heidegger con suma opacidad es nada más que la vida humana en su circunstancia mundana, la que solo se vuelve inteligible—dentro y fuera—en la narrativa de sí misma. Por eso dice Ortega que para poder comprender cualquier realidad humana, hay que contar un cuento. Somos, pues, novelistas de nosotros mismos.

De ahí la convergencia espléndida pero acaso nunca del todo esclarecida de pensamiento y literatura en la España del siglo XX. Entendidas en su aceptación actual, es decir, extremadamente restringidas, las letras con frecuencia sirven de vehículo filosófico—piénsese en las novelas existenciales de Unamuno o el estilo novelesco de Ortega y su entusiasmo por las novelas de Azorín y Baroja. En otros casos constituyen un sucedáneo filosófico, sobre todo cuando se trata de teorías de envergadura compleja: el freudianismo o el existencialismo, por ejemplo. Si no me equivoco, esta convergencia también dio lugar al desdoblamiento simbiótico de dos generaciones al menos de la época de 1898. A la primera de temple literario—la descripción es de Marías—capitaneada por Unamuno se agrega en esencial concordia—no sin momentos disonantes—la de temple teórico encabezada por el joven Ortega. La obra colaborativa y doblemente intensa de estas generaciones anula con una brevedad histórica increíble el viejo desequilibrio cultural de España con respecto a otros países europeos. Es de notar que también coinciden en su desaparición y por ello fue doblemente sentida.

El descubrimiento de la realidad generacional, la que Julián Marías convertiría en una teoría rigurosa de las generaciones, apenas si ha sido utilizada fuera de los discípulos de Ortega, la llamada "Escuela de Madrid". Siguen de moda o las vagas "generaciones literarias (1898, 1927, 1936, 1950, etc.), es decir, ciertas agrupaciones elitistas, o las toscas e inservibles teorías de Petersen, Mentré y otras. El gran supuesto, falso por supuesto, es que si se sabe algo de las generaciones en España, indudablemente se sabrá mucho más en Alemania.

La teoría de las generaciones que supone la metafísica de la vida humana antes aludida, permite recoger algunas de las intuiciones más geniales de Unamuno: por ejemplo, la intrahistoria y la "agonía" existencial de la persona frente a su propia mortalidad. Unamuno da un paso más allá de la noción comtiana de la historia como algo esencialmente estático pero susceptible a los empujones ocasionados por eventos u hombres extraordinarios. La intrahistoria explica hasta cierto punto la continuidad histórica pero es todo lo contrario de un principio de variación. Hacen falta otros mecanismos históricos: el concepto de la *vigencias*, la razón histórica y las generaciones que las articulan. En cuanto al tema de la muerte y la inmortalidad, ha sido recogido sobre todo por Marías conforme va elaborando una filosofía de la persona humana. No son estas, desde luego, las únicas formas de pensar que han dejado huella en la España actual. En otros escritos, cuya recapitulación aquí nos llevaría demasiado lejos, he examinado algunas resonancias de las influencias anglo-americanas, neotomistas y marxistas. Naturalmente enormes diferencias las separan, y no cabe tratarlas de un solo golpe, pero de una u otra manera todas estas vertientes llevan, a mi modo de ver, a una recaída en viejas interpretaciones ya superadas. Se dirá en son de protesta que al contrario por recientes algunas ofrecen la última palabra en filosofía. Todo puede ser, incluso la probabilidad de que sean nuevos arcaísmos, es decir, nuevas formas de pedantería, de esas que siempre se oponen a la verdadera originalidad.

Tampoco cabe detenernos en las valiosas aportaciones de otros pensadores de genuina inspiración hispánica. Me refiero, entre otros, a Laín Entralgo (sobre todo su gran estudio poco aprovechado *Teoría del otro*), Zambrano, Zubiri, el "primer" Ferrater, Madariaga, etc. Por otra parte, por ser el pensador que más y mejor ha reobrado sobre la creatividad filosófica española, la obras de Julián Marías, ya insinuada en estos comentarios, merece un tratamiento más detenido.

Siguiendo los senderos por donde han ido Ortega y Heidegger, Marías encuentra, ya más allá de ellos, la estructura empírica de la vida nunca tratada y apenas reconocida en filosofías anteriores. Se trata del hombre no como ser abstracto sino como una estructura empírica de la vida en dos formas: hombre y mujer, es decir, no simplemente el *Dasein* del hombre (persona) en su circunstancia o mundo, sino hombres y mujeres en este mundo concreto con todo lo que supone de aspectos sensoriales, corpóreos, sexuados, etc. Y no solo esto sino que lejos de ser realidades aisladas, el hombre y la mujer viven en mutua reciprocidad. Si la teoría orteguiana de "mi vida" es intrínseca y supuesta en el mismo vivir, es decir, connatural con la comprensión de la vida, la teoría de la instalación empírica, tal como la descubre Marías, se da al tratar de la vida en su mundanidad concreta, es decir, en la experiencia de la vida. De ahí su estrecha afinidad con la literatura.

Pero para Marías aún falta lo decisivo: lo personal. Más allá, o tal vez antes, de la realidad de "mi vida" y las formas concretas en que vivo en este mundo, está la persona—hombre o mujer—que vamos siendo. Y hay que añadir: más o menos, porque si ser persona es poder ser más, también cabe ser menos. Para Marías, el núcleo irreductible de la persona es su carácter proyectivo y futurizo, en una palabra argumental. (He aquí ya a otro nivel la índole narrativa de la vida.)

Esta intuición rectora, en el fondo de pura estirpe ibérica, pone a Marías sobre la pista de la radicalidad de la persona que viene explorando en una serie de libros: *Antropología metafísica* (1970), *La mujer en el siglo XX* (1980), *La mujer y su sombra* (1986), *Razon de la filosofía* (1993), *Mapa del mundo personal* (1993) y *Persona* (1995), entre otros. A diferencia de las teorías materialistas o biológicas en boga, la de Marías permite distinguir con suma claridad entre el *que* y el *quien* de la persona. Una y otra vez se ha interpretado la vida humana como una especie de *cosa*, o, por otro lado, la persona ha quedado reducida a su psicología y los estados de ánimo. Ahora, acaso por primera vez, la vida humana se mide en términos que abarcan estructuralmente el amor y la inmortalidad (una vez más Unamuno retiembla en manos de Marías). Va supuesta en todo esto una referencia esencial a los otros, sobre todo, los más queridos y de cuya vida depende nuestra felicidad.

Con Marías vuelve a cobrar fuerza la gran creación del pensamiento cristiano, griego y occidental: la visión (*theoria*) del hombre como creación personal, maravillosa, cuyo fundamento es el amor y cuya proyección ulterior—bien lo veía Unamuno— es la trascendencia. He aquí, pues, tal vez la máxima aportación del pensamiento español a la filosofía europea y occidental.

Two Theories of Human Life in Ortega y Gasset and Julián Marías[74]

Let me begin by anticipating a possible misunderstanding of the title of my comments "Two Theories of Human Life in Ortega and Marías." It is not that the two Spanish thinkers developed divergent views of human life but rather that a single developing theory runs throughout their thought. But each philosopher concentrates on a state of the theory: the intrinsic in Ortega, and the empirical in Marías. Together they offer a general theory rooted in Ortegan thought and refined, extended, and developed in the philosophy of Marías. Taken as a continuum, it stands in diametrical opposition the prevailing anthropological and existential currents in philosophy and science.

This opposition, however, is not just a modern phenomenon. In reality the two theories, or visions—theory (*theoria*) is a Greek work for vision—are, in one form or another, as old as philosophy itself. Let me summarize them, vastly oversimplifying as I do so. According to the early Greek thinkers, man is someone who lives in mind and body. He comprehends the cosmos by enveloping everything with thought and language—the *Logos*. He is free and therefore responsible for his acts. He chooses his life, "as the archer selects his target," says Aristotle. Therefore, he may hit or miss his mark, he may be good or evil, happy or unhappy, and he desires to go on living forever.

As Greek and Classical thought merged with Judeo-Christian faith, this vision was enriched with the belief that mankind was created by an effusive act of the Creator God and unlike things

---

[74] Lecture delivered at Barry University, Miami, October, 2003.

and beasts, "in his likeness and image." Man is or can be, therefore, like God, though not infinitely perfect. As the child of God, he is brother to other children, men and women, to *all* other men and women. He stands apart from or above the rest of creation because he is gifted with understanding, moral conscience, and a filial relationship to the Creator. And unless man rejects this relationship, God will call him by name in full recognition of his personhood and abundantly sustain his life forever. Redeemed from lethal sin by the sacrificial Christ and strengthened by the Paraclete, man is restored from an errant and fallen state to the fullness of life and freedom and responsible behavior. Hence, he must decide who he is going to be now and forever. In this sense, this life may be thought of as a prelude and preparation for the next life, or to look at it from the other side, so to speak, the next life may be seen as the perfection and fulfillment of our life in this world. (Julián Marías has made some of the most intelligent comments on this idea that I know of, and I recommend his thoughts to you.)

This exalted vision of human life created a fund of enlightened concepts about the human person, among them, acknowledgment of the measureless worth of each life, the inalienable dignity of the individual, freedom of decision, expression, and action; and charity for one's brothers and sisters. With countless lapses and reverses throughout the long history of European and Western culture this elevated Judeo-Greco-Christian vision or theory of humanity inspired cycle after cycle of theology, art, music, literature, civil advancement, intellectual achievement, and creativity.

But for some people this had always seemed too good or too fanciful to be true. Some of the pre-Socratic materialists—

Empedocles and Democritus, for instance—believed that all reality could be reduced to elemental or atomic materiality. The debate between the materialists and the idealists was begun and has never ceased. Skipping over the centuries toward our own age, we find the argument rekindled in earnest around the time of the Renaissance, or not long thereafter, and especially with the Enlightenment thinkers of the eighteenth century. If in the first view, man was created only a little lower than the angels, in the second theory he barely rises above the apes. In the first theory the image of the Creator informs every person; in the second, man is merely a biological organism, *l'homme machine* (man the machine), in the words of French thinker La Mettrie, that lives and dies and is heard from no more. Atheistic philosopher Jean-Paul Sartre call man "a useless passion" and by logical extension an expendable commodity. And American philosopher George Santayana would remark that there is no remedy for birth and death save to enjoy the interval.

So much for background. Now we pick up the debate in a 20th century Spanish context, for our present purposes in the philosophical innovations of two Spanish philosophers José Ortega y Gasset (1883-1955) and Julián Marías (1914—).[75] The story begins with two books published within months of each other: *The Tragic Sense of Life* by Miguel de Unmuno (1913) and *Meditations on Quixote* (1914) by José Ortega y Gasset. With these two books Spain made its appearance on the philosophical stage of Europe for the first time in centuries. The question for many and for us today, is this: can any good thing come out of Spain? We shall see.

---

[75] Marías died December 15, 2005.

Railing against modern rationalism and rising to the defense of the man—the brother—of "flesh and blood," as he says in *The Tragic Sense of Life*, Unamuno resurrects mad old Don Quixote and sends him riding off in neo-Medieval defiance of the modern world, its science, and its dehumanizing culture (*"kultura"*). Bad old Unamuno, strident, impossibly self-centered, as tough and hardheaded as a block of Spanish granite; yet how greatly he deserves our admiration and how grateful we ought to be for the wisdom and insights he scatters like diamonds throughout his great work. Save for one other, perhaps he was the most daring Spanish thinker of an audacious age. But he was not alone; Kierkegaard and Nietzsche had already set the tone for the exaltation of life over reason.

Ortega, perhaps the most daring thinker of his day, was unimpressed by the posturing of his older contemporary. Even though he shared with Unamuno and other proponents of *Lebensphilosophie* the belief that modern rationalism was a deficient mode for understanding human life, he pointed out that mere opposition is always parasitical, for it ties one's actions to the thing opposed. Unamuno's frontal assault could no more demolish the pillars of the modern world than Don Quixote could defeat the windmills.

But Unamuno's great antirational work in 1913 goaded Ortega to begin to elaborate his own position a year later. For a brief time around 1911-12 he was infatuated like so many of his generation with the phenomenology of Edmund Husserl. But the flirtation was short lived. Ortega became disillusioned when he realized that Husserl placed human reality in suspension, or *epokhé*, and instead of respecting it as the unique reality it shows itself to be empirically, he forged heavier chains to enslave it to

Cartesian reason.

In *Meditations on Quixote*, Ortega—*Don Quixote* in hand—takes us on an ideal stroll through a forest on the mountainous slopes above El Escorial. When we emerge with him a short time later, we find that we are in a new philosophical landscape and we have learned a new way of seeing. (All new art and philosophy begin as a new way of seeing.) For in that brief time and in language so beautiful that it will break your heart Ortega has given us the outlines of a new way of thinking. He would spend the rest of his life elaborating on the discoveries he revealed there: among others, a post-Hegelian understanding of history as system and reason, perspective as a dimension of reality, notions of circumstantial depth and surface, and life as *radical reality*. We will center on the latter, for it opens the way to the discoveries about personhood we shall find in the work of Julián Marías.

The forest, Ortega tells us, is a sum of invitations. At each step, enticed by the complexity of the forest—a metaphor for the world—we come to realize that the visible portions before us are only a pretext, a surface, for its virtual, unseen depths and distant sounds. We then ask ourselves, who or what places the objects in a near or distant relationship? And the answer is that I do. Obviously if I perceive them, they are all equally present in some sense. Everything I perceive would be equally present if I were merely registering them in an objective, passive way. If seeing were merely a passive act, the world would appear to me as a series of luminous points and sounds would be a mere cacophony.

In short, the forest—the world—has structure and depth by virtue of my encounter with it. This statement is fundamental, so let me repeat it: the forest—the world—has structure and depth by virtue of my encounter with it. But this does not mean, as the German idealists would tell us perhaps, that the forest is a product of my subjective mind. No, Kant was right, or so says Ortega, when he stated that things in themselves are beyond the reach of pure reason and are certainly not mere creatures of my mind. For things do not appear at all in isolation but in a certain perspectivist and circumstantial relationship to me. And even though my presence does not exhaust their reality, things need me and my relationship to them in order to manifest, in short, in order to be what they are with me. For this reason, Ortega would argue that despite their relative and near-term validity, both idealist subjectivism and objectivist materialism are ultimately false postures.

Before we become entangled in semantics, let us draw the conclusion we need to proceed on our way: in Ortegan terminology my life is the root or radical reality simply because it is where I encounter all things and where all things appear, real and unreal, past and present. They are rooted in my life. We glibly say, for instance, that man is in the cosmos and all but lost and insignificant beyond belief in its unknowable dimensions. Now this is, or surely may be, true. But before we can make that statement, the cosmos like everything else has already manifested itself in my life, that is, in the life of each person.

In this sense, at least, my life is prior to all rooted realities that appear within it, including my psychic or psychological life that I also discover in living and by living. Throughout the history of literature and philosophy, these intimate but rooted realities—ego, conscience, existence, *Dasein*, subjectivity, *pour-soi*—have been mistaken for my life, whereas in reality they are but dimensions of it. Life is not simply being, not simply ontology, but living. In the Ortegan sense this means, among other things, that metaphysics can no longer be identified with ontology but must henceforth and rightly devolve primarily on a theory of human life. Life, not materiality, is the first order of reality.

But even this leaves us short of the mark, for life is not simply another abstraction that we can suspend and treat at our leisure, as Husserl would do. Life means always living here and now it is daily, unavoidable urgency; it is what I do and what happens to me as I live. Furthermore, as Marías will point out in his writings, living is apprehending reality in its connectedness. And not by chance this is the same definition he and Ortega give for reason, then we understand how they arrived at the notion that life is reason, and living is reasoning. It is a form of reason that surpasses and exceeds the restrictions of the old rationalism which Unamuno reviled.

From this metaphysical level—metaphysics is a theory of the real—life and living cannot be merely another thing, or class of things. In it we do not come merely to yet another reality but rather to a different order of reality that requires other intellectual means of understanding it. And this precisely has been the problem of the modern age: it has tried to explain life using concepts forged for the understanding of things (not living men and women).

Time does not permit further probing into the implications of the responses to what Ortega perceived as the deficiencies of both the proponents of *Lebensphilosophie* and the heirs of Enlightenment rationalism. We could delve into the intrinsic reference of my life to other lives and the inherent social nature of living. This involves the fact that I cannot perceive of myself as

"I" without a disjunctive reference to a *thou* (tú). But we have strolled far enough with Ortega in his ideal forest to understand why we cannot see the forest for the trees and why we can say that my life is a theory, an intrinsic theory, for we cannot live otherwise than by trying to understand it. For life, Ortega reminds us is given us—since we did not give it to ourselves—but it is not given to us already made. I have to forge my life futuristically with the realities I encounter. In other words, I need to know what to make of things present, past, possible, and impossible. In order to live I must make sense of things by discovering their consistency and connections. (In my student days the old existentialists—now mercifully passé—used to rant about the absurdity and insanity of the world. But if you think about it, they were guided to such judgments by a vital and personal knowledge of what to make of things. One does not call the world insane unless one is *reasonably* convinced of one's own reliable standards of sanity.

Now we take leave of Ortega and shift our attention to Julián Marías. He picks up the Ortegan themes by noting that whereas philosophy has been strangely reluctant to deal with human life, it has never been bashful in treating men and women. And no wonder; normally, during the first years of our life we are wholly or mostly dependent on other persons. (Those philosophers who speak with authority of existential solitude and cosmic loneliness probably do so in contrast to the prior love and care they received from mothers and family members. Otherwise, how could they even think of solitude as a dreary departure from the lost human norm?) We cannot forget other men and women for they are the primary element of our circumstance. Yet in its modern forms Western civilization has wavered philosophically between the idealistic interpretation of man as a *res cogitans*, a thinking thing, and the physical concept of humanity as cousin and kin of animals. For Marías, on the other hand, man is not primarily a mind, an idea, a thing, an organism, or an animal—though these attributes may apply secondarily. Previous to all these possible features or interpretations, man and woman are something much more profound: a structure of human life, that is, radical reality in its real human form.

The question for Marías, one until now seemingly ignored in Western philosophy, is whether one can go directly from the Ortegan or Heideggerian paradigm of human life to the actual, concrete person. As early as 1947 he began to suspect that an essential link in the chain was still missing. He illustrates his thinking with three examples: (1) a pentagon, (2) an owl, and (3) the writer Cervantes. In order to understand a pentagon, a definition is sufficient: a five-side polygon. As for the owl, a dictionary will describe its species, where it dwells, and how it behaves. But with the man Cervantes a narrative is necessary. For with him we pass from the generic and genetic to the individual and personal. In order to understand him, we must know his name and tell his story, where and when he was born, where he lived and traveled, whom he loved and married, what he wrote, and when, where, and how he died. By his biography we understand that his life is not a biological or zoological definition of a species but a narrative, dramatic reality of a human person, specifically a male human person. His biographical account tells us that he lost an arm in the battle of Lepanto. So, we deduce that he had arms. It goes to state that he married a woman named Catalina de Palacios. Therefore, Cervantes was a man and could have a certain relationship with a woman. The Ortegan analysis of human life says nothing about arms, or sexuality, or marriage, or youth, or old age, or other similar features.

Let me quote directly from Marías (*Metaphysical Anthropology*): ". . . this is the zone of reality that I call the empirical structure; to it belong all those characteristics which, without being ingredients of the analytical theory, are not chance happenings or [merely] factual contents of Cervantes' life; rather they both empirical and structural elements that are prior to any specific biography and which we count on and expect [to find] and which function as assumptions of such a biography."[76] In other words, human life is structured in this concrete way with these actual attributes, although in principle it could be structured differently (a frequent theme of science fiction). Thus, if the theory of human life as radical reality is a metaphysics, the study of the empirical theory is anthropology in the fullest sense.

Having clarified these points, Marías goes on to identify and analyze what he calls the forms of "installation." By this he means the actual way we live biographically in this real world. These forms include the reciprocal "sexuate" condition, bodily being, the amorous condition, linguistic installation, the facial nature of human life, temporal life and the ages of mankind, and the role of chance, happiness, imagination, and freedom. Finally, in a chapter that fairly glows with genius Marías discusses human mortality and its implications for personal continuity.

But what does all this mean and what does it have to do with the "two" theories of human life I spoke of at the beginning? Just this: we learn from Ortega and Marías that the question of human reality continues to be poorly posed. Instead of asking *what* man

---

[76] *Ibid.*, p. 89.

is, we must ask *who* he is. Ordinary language tells us what philosophy has failed to notice. When some knocks on the door, we do not—normally—ask, *what* is it?, but *who* is it? For we perceive a human presence, not a random noise. Science may tell us *what* man is: a member of the species *homo sapiens*, and as far as the *what* of mankind is concerned, it is probably right. The problem arises when we confuse *who* and *what*, the biographical and the biological.

With these concepts cleanly and clearly laid out in his masterwork *Metaphysical Anthropology* (1970; English version 1971), Marías believed himself to be armed and ready to begin a thirty-five year exploration of the reality of the human person. Indeed, one of his last books bears this simple title: *Persona* (1996). Unfortunately, except for his book *The Christian Perspective* (2000), none of his later works has been translated into English or other languages.

I end these comments by confessing what is already obvious: my unbridled enthusiasm for both thinkers and the conviction that they represent the most promising ways to think about humanity in our day. [77] When I made the literary

---

[77] Fr. Enrique González Fernández, already the author of important books on philosophy and theology and disciple of Marías, has written a new work, *Otra filosofía cristiana* (2020), in which he argues that the Church would do well to veer away from neo-scholastic philosophy rooted in pagan Aristotelian naturalism and turn instead to the Christian-compatible anthropology found in the works of Julián Marías. We find a similar thought in Ortega who remarked: "The fact that such a man [Aristotle] has been converted into the official philosopher of Catholicism is one of the strangest and most confusing facts of universal history."

acquaintanceship of Ortega, it strained belief that things so magnificently expressed could have the added virtue of being true. I readily agreed with novelist Pío Baroja who opined that since Cervantes, Ortega was the greatest master of the Spanish language both as a writer and speaker. No one denied his mastery, but many disliked his message. Ortega seems to divide people into two camps: those who admire him without reservation and those detest him with relish.

As time went on, without abandoning Ortega, I found myself drawn more to Marías. What writing I have done in Spanish reflects his stylistic influence more than Ortega's. And for a reason; unlike Ortega whose inimitable verbal brilliance and metaphorical flair can overwhelm and drag away novice writers like a run-away racehorse, Marías' diamondlike prose is a model of level-headed efficiency and clarity.

But the greater reason for my gravitation towards Marías was that I came to see in him the most elegant and promising way to refute what I have called "the secondary theories of human life and to reinvigorate the first vision of mankind. As a student I was exposed to a series of nihilistic thinkers, and for a time admired their iconoclastic ravaging of the Western ethos. But gradually I came to see that like stars been sucked into the inescapable vortex of a black hole, their flaring brilliance was but the dying pulsations of an exhausted skepticism. Theirs was a trip to nowhere, a journey that offered in Arnold's words:

... neither joy, nor love, nor light

Nor certitude, nor peace, nor help for pain.

(Dover Beach)

Others—relativists, deconstructionists, social theorists, and others I shall not take the time to mention—have since followed them down the trackless intellectual wastelands of our time without adding anything that was not already implicit as long ago as Heraclitus. In any case, the way of thinking we find in Ortega and Marías has certain advantages. First, it rests on and arises from human life in its actual daily manifestations. Second, it is there, sculpted, shaped, and battle-tested, awaiting whoever has the spirit and willingness to extract its further possibilities. Here is work for whole generations of young philosophers, theologians, translators, thinkers, and writers. For third and finally, it is built on truth, at least in the opinion of this speaker, and truth has a way of exposing and outlasting its imitators.

Ortega y América

En un plan preliminar precisemos un tanto los términos.[78] Desde luego, Ortega es Ortega, único, inimitable, inconfundible, para mí como para muchos, el máximo pensador ibérico y acaso la mente más perspicaz de dos o tres siglos para acá. Pero América son muchas cosas y susceptible a muchas interpretaciones. Por lo tanto, voy a limitarme en un principio al enfoque del mismo Ortega con algunas palabras—pocas por cierto—al final sobre otras dimensiones de su relación—o falta de la misma—con América.

A pesar de estudios formales realizados en Alemania, es probable que todas las teorías sociales y sociológicas de Ortega, y acaso el núcleo de la filosofía también, tuvieran su origen en su concepto de España. Como él mismo iba a decir muchos años más tarde, toda su vida y su obra habían sido en servicio a España. Pero hay que tener en cuenta que el contrapunto para el joven Ortega es Europa, sobre todo Alemania. Se trata de saber qué es España, pero el gran supuesto de la primera fase de su pensamiento es que solo se entiende España desde Europa, desde la experiencia de algo que no lo es pero que lo supone. De ahí su insistencia en el carácter europeo de España, a diferencia de pensadores como Ganivet y Américo Castro que dan más peso a los elementos semitas y musulmanes. Ahora bien, este esquema que le sirvió de trampolín a Ortega para lanzar sus primeros escritos, sobre todo *Meditaciones del Quijote* (1914), va a cambiar

---

[78] Conferencia pronunciada en El Instituto de Cultura Hispánica de Houston, 1983.

radicalmente a partir de 1916, fecha de su primera visita a La Argentina.

Pero hay que tener presente otro factor: la decepción de Ortega a raíz de la Primera Guerra Mundial. Había puesto casi todas sus esperanzas españolas en la civilización europea, y ahora los europeos se estaban matando en la Guerra más sangrienta de toda la historia humana.

Y hay todavía otro elemento que figura en el nuevo rumbo que iba a tomar Ortega en su romance con América. Según su esquema generacional, precisamente por los años 1915 y 1916 empieza su actuación histórica una nueva generación, precisamente la de Ortega (nacido en 1883). (De paso, diré que la teoría de las generaciones que durante años vi con escepticismo ahora me interesa más que algunos elementos de su manera de pensar. Creo que valdría la pena volver sobre ella y que podría esclarecer varios puntos de la historia.) En el plano personal el mismo Ortega confiesa en el preámbulo del ensayo "Azorín: primores de lo vulgar" que se siente con nuevas expectativas y con la convicción de que iba a asumir control de su destino, un destino que hasta entonces había estado en gestación. Al anticipar la visita a La Argentina, escribe textualmente: "A los treinta años el corazón de un hombre melancólico se desinteresa por la geografía, y si es sincero consigo mismo, advierte que, ante todo, le preocupan las cosas como entidades sentimentales. ¡La Pampa! ¡Buenos Aires! América, pues, el Nuevo Mundo, va a ser para Ortega una nueva ilusión y el nuevo depósito de sus esperanzas ya defraudadas en el Viejo Continente.

¿Hasta qué punto coincide la realidad con la expectativa? Por lo pronto, son dos las reacciones de Ortega ante la realidad argentina. La primera es una dilatación fabulosa de lo español.

Dice textualmente: "Ese pueblo, hijo de España, parece hoy más perspicaz, más curioso, más capaz de emoción que la metrópoli." Y a continuación agrega: "Para un escritor, para un poeta u hombre científico, las separaciones políticas de los Estados son inexistentes . . . Un escritor español no debiera, pues, sentirse a más distancia de Buenos Aires que de Madrid."

Con motivo de su primer encuentro con América vista e interpretada desde La Argentina, Ortega formula el concepto de "la raza hispánica". Nada tiene que ver, claro está, con el racismo. Más bien se trata de una comunidad de modulaciones espirituales. En sus propias palabras afirma que ". . . gracias a la independencia de los pueblos centro y sudamericanos, se ha preparado un nuevo ingrediente presto a actuar en la historia del planeta: la raza española, una España mayor, de quien nuestra península es solo una provincia." (*Obras*, II, pp.127-130).

En resumidas palabras, la experiencia de La Argentina inició toda una serie de nuevas trayectorias intelectuales en la persona y el pensamiento de Ortega. Por ejemplo, desde entonces se da cuenta de que el idioma español ya tiene un volumen mundial. Más que nunca, hace falta llenarlo—y las palabras siguientes son suyas—". . . con otra cosa que emociones y pensamiento de aldea."

Pero fíjense que hasta ahora no he hablado de América en toda su extensión hispánica, mucho menos de la América de habla inglesa, sino de La Argentina. Y he aquí la otra reacción de Ortega ante la nueva realidad. No es que Ortega creyera que América fuese solo La Argentina. Es que, simplemente, salvo visitas fugaces al Uruguay y Chile, no conoció a los demás pueblos latinoamerianos. Así como para Ortega Alemania fue durante mucho tiempo Europa por excelencia, sobre todo en ciencia y filosofía, vio a América al través de su porción argentina. Y si por un lado nunca superó del todo esa visión limitada, también es cierto que la experiencia argentina le abrió trayectorias que fue ensayando en una u otra forma casi el resto de su vida.

En este mismo contexto importa señalar lo que América no significa para Ortega. Que yo sepa, nunca quiso ver en América un nuevo lóbulo de Occidente, tema en que su discípulo Julián Marías va a insistir en varios libros. Para Ortega La Argentina era, para decirlo en palabras suyas, "hijo de España". Nadie lo niega, claro, pero al mismo tiempo La Argentina, así como las otras repúblicas americanas, son también realidades nuevas que si deben mucho a España, no se reducen a ella. En visitas posteriores, 1928, 1939-41, esta identificación estrecha y acaso exagerada con España, es decir, la actitud un tanto reduccionista de Ortega, provocó cierta irritación de parte de los argentinos para con el filósofo español. No dejaron nunca de admirarlo, y su nombre aún tiene resonancia en aquella república, pero al mismo tiempo empezó a ser una actitud algo sofocante. Ortega descubre muchas verdades argentinas, sobre todo las enlazadas con España y el Viejo Mundo, en grado menor las que corresponden a lo argentino propiamente dicho, o sea, al Nuevo Mundo.

Pero debemos tener presente que la actitud de Ortega con respecto a la realidad argentina, que hoy en día puede parecernos una especie de miopía o tal vez una exageración, tenía más justificación en la época en cuestión. La Argentina era de una importancia extraordinaria en el primer tercio del siglo XX. Se puede decir que si no alcanza el nivel de los Estados Unidos, por lo menos era el otro polo de las Americas y como tal, de una actuación superior a la de otros países americanos de lengua española o portuguesa. En aquella época, por ejemplo, México llevaba décadas sumergido en su revolución, la cual imposibilitó su actuación a escala mundial. Los problemas posteriores de La Argentina no quitan que en aquel entonces era un país de grandes ilusiones y promesas, para muchos inmigrantes la tierra de promisión.

Con referencia a Ortega hay otro elemento argentino que no se debe pasar por alto: la experiencia de una sociedad en la que la mujer desempeñaba un papel preponderante. Victoria Ocampo, con quien Ortega mantuvo una estrecha amistad durante el resto de su vida, y Carmen Gándara son dos figuras conocidas de las muchas que le merecieron de Ortega el espléndido ensayo "Meditación de la criolla".

Si La Argentina representa para Ortega el *descubimiento* de America, la ausencia del tema de los Estados Unidos sería su *encubrimiento*. El contacto de Ortega con los Estados Unidos fue mínimo. Ortega pudo traducir el inglés, pero que yo sepa, no lo hablaba con facilidad. Así que sus opiniones se derivaban de fuentes secundarias, la mayoría de las cuales francamente negativas. Mucho de lo que se escribía de los Estados Unidos en aquel entonces poco tenía que ver con la realidad norteamericana. (Y por varias razones las cosas no han cambiado.) Los escritores de entonces como el novelista Georges Duhamel, para poner un ejemplo, o el filósofo Bertrand Russell y el poeta Matthew Arnold, para mencionar a otros, se escandalizaban en su época de que Los Estados Unidos no fueran como Francia o Inglaterra.

Ortega pudo rectificar sus opiniones hasta cierto punto en 1949 al visitar a los Estados Unidos por primera vez. Hasta en traducción, Ortega deslumbró con su habitual brillantez—y quedó deslumbrado por el entusiasmo y comprensión de sus oyentes en Aspen, Colorado. Fue allí precisamente donde nació la idea de fundar un instituto sobre los mismos principios que El Instituto de Humanidades (1948-50) en colaboración con Julián Marías. A la luz de los desencantos y sinsabores de sus años de exilio en Buenos Aires, Francia, y Lisboa, fue un momento grato y sorprendente para Ortega, lo suficiente para que naciera en él un entusiasmo y alguna esperanza.

Pero ya era tarde. Creo que sin señalar citas concretas de haber tenido la experiencia de Norteamérica en las primeras etapas de su filosofía, en su fase formativa, tal vez hubiera evitado la nota pesimista que encontramos en algunos de sus últimos escritos. Su desilusión con Europa se reconcentró tras la Segunda Guerra Mundial y durante los últimos años de su vida Ortega creyó inevitable el triunfo del socialismo estilo soviético.

Al considerarse el impacto de Ortega en América—y vice versa—el cuadro se nubla bastante. En nuestra compilación de estudios sobre la obra de Ortega, el Profesor Antón Donoso y yo pudimos comprobar que de las 4.125 entradas, por lo menos un tercio son de estudiosos americanos, principalmente de La Argentina y los Estados Unidos, pero muchos de otros países también.[79] Pero si se cuantifican las cosas escritas sobre Ortega se cae en la cuenta de que muy pocas son de filósofos propiamente dicho, o por lo menos de profesores de filosofía, que no es exactamente lo mismo. Las facultades de filosofía manifiestan

---

[79] Anton Donoso y Harold Raley, *A Bibliography of Secondary Sources*, Bowling Green, Ohio. Philosophy Documentation Center, 1986, 449 pp. Desde luego, habrán salido incontables escritos sobre Ortega desde la fecha de esta publicación, más o menos exhaustiva en aquel momento.

una extraña impermeabilidad gremial ante esta forma de pensar, siendo excepciones algunos trabajos realizados en universidades católicas. La obra del mismo Profesor Donoso, antes aludido, es una de ellas.

Para resumir estos comentarios, podemos decir que la experiencia de La Argentina fue decisiva en el panorama orteguiano, y la ausencia de algo parecido con respecto a los Estados Unidos lo fue igualmente en un sentido negativo, pero, claro está. de más difícil medición. Ortega hizo lo que pudo, pero naturalmente no lo pudo todo. Pero al fin y al cabo dejó una filosofía que en muchos sentidos está por descubrir. Es decir, que Ortega no solo pertenece al pasado de las Américas Norte Y Sur, sino acaso a su futuro también.

Part II
Julián Marías

Julián Marías: persona y pensamiento

En mayo de 1966 en la ciudad universitaria de Norman, Oklahoma, mi mujer Vicky y yo conocimos en persona a don Julián Marías, y digo en persona porque ya estábamos algo enterados de su manera de pensar por algunos de sus ensayos y libros que utilizamos como textos en nuestras clases de español.

A veces la imagen que nos formamos de un autor a base de la lectura de sus escritos luego resulta incompatible con su persona. Son frecuentes las sorpresas, decepciones, desilusiones, o, al contrario, se cae en la cuenta de que la inferioridad es de la obra y no de la persona. Hay libros mediocres cuyos autores son excelentes personas.

No había, claro está, tal desequilibro en el caso de don Julián. Como decía Buffon, él era su estilo, y no solo el estilo literario sino también filosófico y personal. Llegó un poco adelantado y tal como lo describe su hijo Javier, «... con una prisa infrecuente, la prisa del entusiasmo». A poco de empezar su discurso ante un gran público sobre el tema de los lazos culturales de la civilización occidental, nos dimos cuenta de que eran inseparables el autor de libros admirables y aquel pensador español que nos iba explicando la realidad occidental—por cierto en un inglés elocuente—con una lucidez que deslumbraba y una cordialidad que atraía, acaso a mí más que a nadie. Era incitante y brillante su pensamiento pero sin pizca de pedantería libresca. Para mí, y creo para muchos aquella noche, fue como un desvelamiento. Lo que escuchábamos era la verdad, no una verdad abstracta sino personal, humana, la verdad manifestada como *alétheia* de que hablaran tanto Ortega y Heidegger. Hubo prolongados aplausos y un sinnúmero de preguntas. El público no quería darse por terminado el evento.

Luego pudimos charlar un rato con él. Con cierta reticencia le enseñé mi tesis doctoral recién terminada sobre Ortega. Creo que le sorprendió encontrar a un estudioso de temas orteguianos en un lugar tan remoto del mundo español, y así lo comentó posteriormente. Con la generosidad que luego supe le era característica, se brindó en el acto a leerla y mandarme sus impresiones. A los pocos días tuve su respuesta llena de comentarios acaso más favorables de los que merecía mi trabajo. Gracias a su actuación mi estudio fue publicado por la Universidad de Alabama y Revista de Occidente.

A raíz de aquel encuentro empezamos una serie de visitas, cartas, artículos, proyectos y libros que iban a durar casi cuarenta años. La suya fue una amistad nunca desmentida. En su vida mis deudas para con don Julián eran incalculables y ahora más que nunca impagables.

Varias personas me han pedido algunas precisiones sobre las influencias filosóficas de don Julián en la América de lengua inglesa. Confieso que en última instancia es una tarea utópica. Existen traducciones de varios libros suyos: *A Biography of Philosophy [Biografía de la filosofía]; America in the Fifties and Sixties [Los Estados Unidos en escorzo y Análisis de Los Estados Unidos]; Generations: A Historical Method [El método histórico de las generaciones]; History of Philosophy [Historia de la filosofía]; José Ortega y Gasset: Circumstance and Vocation [Ortega: circunstancia y vocación]; Metaphysical Anthropology: The Empirical Structure of Human Life [Antropología metafísica: la estructura empírica de la vida humana]; Miguel de Unamuno; Philosophy as Dramatic Theory* [traducción de varios ensayos]; *Reason and Life: The Introduction to*

Philosophy [*Introducción a la filosofía*] ; *The Christian Perspective* [*La perspectiva cristiana*]; y *The Structure of Society* [*La estructura social: teoría y método*]. Además de reseñas, estudios, capítulos y artículos de varios estudiosos sobre su filosofía, hay que citar el libro *Julián Marías* del filósofo americano Anton Donoso, así como las tesis doctorales de Ralph Dean Cole y Linda Bash. Yo también dediqué varios artículos y dos libros a su filosofía.

Un listado de todos los datos librescos y bibliográficos en lengua inglesa referentes al pensamiento de don Julian excedería con mucho este contexto. De más difícil medición son las influencias humanamente transmitidas a amigos, alumnos, profesores en las universidades de Yale, Indiana, Oklahoma, Wellesley y otras.

De vez en cuando pude alcanzar a don Julián en algunas universidades y otras instituciones—Indiana, Oklahoma, Puerto Rico, McGill de Montreal, la Biblioteca del Congreso. Al parecer, sus energías y entusiasmo eran prácticamente inagotables. Muchas veces me vino a la memoria el dicho español: «No hay mal que por bien no venga.» Pues, por estarle cerradas las puertas de las universidades españolas durante tantos años, se le abrieron las de otros países, sobre todo, de los Estados Unidos. Si lamentablemente hubo generaciones de jóvenes españoles privados de su docencia, otros de otras culturas y lenguas han sido discípulos suyos, incluso, en forma limitada, un servidor. Pero gracias a sus dotes de escritor aquellas lecciones aún están en sus libros al alcance de todos. Yo diría que su enseñanza solo fue aplazada, no negada. Decía don Julián que Ortega iba a ser un filósofo de la segunda mitad del siglo XX. Lo fue, pero creo que lo será aun más del siglo XXI. En cuanto a don Julián, creo que desde ahora su pensamiento va a surtir más que nunca su efecto. Será también un filósofo del siglo XXI—y acaso de no sé cuántos venideros.

Donde menos resuena su pensamiento actualmente es precisamente en las facultades de filosofía norteamericanas, desde hace décadas dominadas gremialmente por el pensamiento analítico de abolengo británico y norteamericano. Hay que decir que el pensamiento de don Julián, así como el derivado de Ortega, solo mereció una atención pasajera por los años cincuenta. Se supone que sus posibilidades quedaron truncadas para siempre. No lo creo. Repito lo que he dicho en otras ocasiones: la filosofía de ambos pensadores es una bomba de tiempo que el día menos pensado retemblará—acaso como lo diría Unamuno—en nuestras manos.

También me preguntan qué significó Norteamérica para don Julián. Naturalmente sería imposible precisarlo en todo su alcance. Hubo, ciertamente, muchos recuerdos entrañables que el comentó sobre todo en sus memorias *Una vida presente*: amistades, alumnos, el año que la familia Marías pasó en Nueva Inglaterra, repetidas visitas, etc. Pero creo que son visibles al menos dos componentes de la vivencia americana en su perspectiva filosófica. Sin prescindir del impacto de la «otra» América—española y portuguesa—creo que mi América significó la plena «occidentalización» de su pensamiento, y por lo tanto la forma concreta de su universalización. Gracias a ambas Américas, don Julián pudo descartar todo provincianismo, tanto americano como europeo.

El otro componente afectó sobre todo a su pensamiento social. A pesar de los problemas de aquel entonces—la guerra en Corea, crecientes tensiones raciales, hostilidades de la Guerra Fría—la sociedad americana funcionaba con una "normalidad" exuberante. A don Julián no le mereció una atención prolongada la sociología académica, pero sí la misma sociedad de los Estados Unidos. Al volver a pensar en la experiencia norteamericana años después, comenta don Julián : « Al absorberla por todos los poros, ella fue la que me enseñó sociología. » (*Una vida presente*, 2, pág. 33).

Ha pasado más de medio siglo y la América que don Julián llegó a conocer por los años cincuenta y sesenta está muy cambiada. La cordialidad cívica, el alto nivel de respeto, el optimismo y entusiasmo característicos de los norteamericanos en aquella época están disminuidos. Acaso más que nunca hace falta el dechado de veracidad y respeto humano que fue don Julián. Pero por lo menos su filosofía está disponible, tanto en América como en Europa. Fiel a su lema : «por mi que no quede», don Julián hizo lo que pudo. Solo falta ahora que de ambos lados del Atlántico nos animemos a seguir caminando por las pautas que él tan magistralmente dejó señaladas.

Prólogo a *Historia de la filosofía* de Julián Marías (Edición de 2008)

En 1941, a los veintiséis años de edad y cerradas para él las puertas de la Universidad por motivos políticos, Julián Marías optó por escribir *Historia de la Filosofía*, libro destinado a ocupar un puesto clave no solo filosófica y vital del joven Marías sino también en la historia del pensamiento español moderno. Publicado por la editorial *Revista de Occidente*, fue el primer libro de autor novel después de la Guerra Civil y en nada inferior a las excelencias de las generaciones anteriores. Frente a quienes estaban dispuestos—españoles y extranjeros—a sepultar para siempre los logros noventaochescos, la obra de Marías pone de manifiesto el resurgimiento y continuidad de aquella tradición excelsa.

Han pasado casi setenta años e *Historia de la Filosofía*s sigue siendo uno de los libros filosóficos más vendidos no solo en España y los países de habla española sino también en traducciones en todo el Occidente. ¿Cómo explicar el éxito editorial repetido en innumerables ediciones de *Historia de la Filosofía*? A mi modo de ver hay varios factores que vienen sosteniendo desde hace décadas tal popularidad inaudita en un libro de sus características. A continuación destaco y comento los siguientes:

Cortesía estilística y calidad de página
La filosofía como innovación griega y occidental
La filosofía y su historia
La discontinuidad de la filosofía
La visión céntrica de Marías

A. Cortesía estilística y calidad de página

Marías es un gran escritor, acaso el único pensador español de nuestro tiempo de la talla de Ortega en este sentido, aunque desde otro temple y sin los altos vuelos líricos y metafóricos de su maestro y amigo. El estilo de Marías es diáfano, sobrio, puro, didáctico, profundo, diamantino y sumamente cargado de conceptos acaso suficientes cada uno para escribir un libro entero. Pero lejos de ser intuiciones aisladas, están íntimamente ligados a una sólida estructura doctrinal de la cual reciben su justificación ulterior. Es frecuente que de una sola página de Marías se reciba una iluminación que se espera en vano de gruesos tomos. Nunca peca de verbosidad hueca y arbitraria. Siempre dice lo exacto con suma precisión. En resumidas cuentas, se trata de otra cualidad estilística que él mismo va a calificar posteriormente de "calidad de página", eso es, el don de cargar cada página, y en rigor, cada pasaje, de significación profunda.

En su *Prólogo* (1940) a la primera edición de la *Historia* dice textualmente Xavier Zubiri que "Decididamente, un libro sobre el conjunto de la historia de la filosofía quizá solo pueda escribirse en plena muchachez..." Puede ser, pero el libro mismo no se caracteriza por los supuestos defectos de tal muchachez. Más bien lo contrario; *Historia de la Filosofía* exhibe una madurez sorprendente y está ya al nivel superior evidente en toda la obra de Marías. Por lo tanto, si son muchos los escritores que se avergüenzan de sus primeras producciones balbucientes, Marías jamás tuvo que arrepentirse de ninguno de sus viejos ensayos. Ha habido, sí, ampliaciones y precisiones en ediciones subsiguientes de *Historia de la Filosofía* pero sin alterar ni un ápice las pautas originales.

Es necesario matizar estos comentarios sobre el estilo de Marías con otra cualidad que condiciona toda su obra. A la celebrada diafanidad de su prosa se añade la cordialidad de su persona. La suya no es una luz que hiere sino una lucidez que atrae al lector. De ahí su éxito como escritor. Nadie mejor que Marías sabe iluminar los más recónditos problemas de la filosofía con claridad expositiva y respeto al lector, sea enterado o neófito en materia filosófica. Al igual que Ortega, Marías siempre tiene en cuenta a los lectores y se dirige a ellos como si estuvieran presentes. Diría con Ortega que "La cortesía del filósofo es la claridad".

B. La filosofía como innovación griega y occidental

Explica Marías que desde los comienzos en Grecia se ha entendido por filosofía tanto una ciencia como un modo de vida. Filosofía es algo que el hombre sabe y vive según las modalidades de las épocas y las culturas. A diferencia de la certeza religiosa que se recibe como una verdad revelada y que no es obra humana, el conocimiento filosófico nace de la pretensión de saber a qué atenerse por su propia cuenta. Es, pues, formalmente *responsable* y a diferencia del conocimiento religioso, que es *incuestionable*, en la filosofía—se entiende la auténtica—se dispone a justificarlo todo, sobre todo su misma posibilidad. Por otro lado, los designios divinos no solo no corresponden necesariamente a los deseos y pretensiones de los hombres sino que incluso los pueden estorbar o anular. Los poderes misteriosos y acaso incoercibles de lo divino que obran más allá de la inteligencia humana son factores que condicionan todas las religiones. Darse cuenta de su situación ante las fuerzas indescifrables propicia al hombre para la faena problemática que es la filosofía, aunque no conduce necesariamente a ella. La filosofía, diría Marías, es una opción, jamás, una inevitabilidad.

El punto de partida de la filosofía griega es el "asombro" del hombre ante las cosas opacas, mejor dicho, al asombro ante el descubrimiento de las cosas. Marías dice en otro lugar que las cosas son el primer plano de la metafísica, es decir, la realidad primaria tanto para el filósofo clásico como para el moderno. Cuesta trabajo, pues, volver a asumir la perspectiva pre-filosófica según la cual lo que encuentra el hombre no son cosas sino poderes y fuerzas temibles, misteriosas y con frecuencia hostiles. Pero un día en Jonia y la Magna Grecia a presión de exigencias humanas se descubren las cosas mismas, es decir, desligadas de los poderes. El hombre se despierta a las cosas, se extraña de ellas; las ve por primera vez e intelectualmente se hace responsable de ellas—por eso, Marías define la filosofía como "la visión responsable". Se pone fuera de ellas y se pregunta con asombro—provocado por aporías vitales—por su consistencia y significado. Por primera vez se comunica la inteligencia del hombre con la inteligibilidad de las cosas. Desde entonces el pensador griego, y de una forma u otra los sucesores occidentales, van a dar por supuesto que las cosas son *inteligibles*. He aquí el origen de la filosofía y la primera manifestación de la vida teórica. Es verdad, dice Marías, que las intuiciones de algunos de los viejos pensadores orientales—indios y chinos—se asemejan a las primeras especulaciones de los presocráticos de Jonia y la Magna Grecia, pero a falta de figuras de la talla de Sócrates y sus descendientes intelectuales el pensamiento oriental no se convirtió en filosofía como tal.

C. La filosofía y su historia

Aunque nunca se ha resuelto definitivamente la vieja polémica de la filosofía sobre su misma procedencia y naturaleza, a saber, si la filosofía es idéntica a su historia, las observaciones de Marías con orientadoras y hasta cierto punto constituyen la justificación—una por lo menos—de *Historia de la Filosofía*. La filosofía, dice Marías, es inseparable de su historia, lo cual no quiere decir que sea idéntica a ella. Obviamente el filosofar se realiza dentro de una situación o circunstancia histórica, en última instancia, la del filósofo. Ahora bien, esta situación o circunstancia constituye un nivel impuesto o condicionado por todo lo anterior. Por tanto, toda filosofía supone toda la filosofía anterior. No se trata de estudios formales ni datos eruditos sino de estar al nivel del tiempo. No se reduce la filosofía a su bibliografía sino que corresponde a su biografía, tema que abordaría Marías en otro libro del que su *Historia* es preludio: *Biografía de la filosofía* (1954).

La historia, pues, viene a ser el contenido real de la filosofía. Pero así como ninguna época histórica abarca toda la historia humana, tampoco la filosofía se agota en ningún sistema filosófico, por genial que sea. Solo es, o puede ser, verdad lo que el filósofo realmente ve desde su óptica, y al afirmar más de lo que abarca su visión corre el riesgo de caer en contradicciones con otras maneras de interpretar las cosas. De modo que si la filosofía es una forma de atrevimiento, al mismo tiempo se caracteriza por una modestia esencial.

D. La discontinuidad de la filosofía

La historia de la filosofía es inseparable del mismo filosofar, pero es también engañosa si solo se entiende en sentido libresco o bibliográfico. Nada más seductor pero nada más falso que la idea de "filosofía perenne". Si es verdad que el filosofar—esta extraña faena griega y occidental—responde en primera instancia a perplejidades humanas ante las cosas circunstantes, comparte o refleja el destino de estas. En determinadas épocas la incertidumbre del hombre asume ingentes dimensiones, mientras que en otras la humanidad goza de un sistema de creencias sólido y suficiente para superar cualquier crisis. Estas variaciones condicionan profundamente la filosofía y su historia, incluso a veces la anulan. Por lo tanto, lejos de ser una continuidad histórica ininterrumpida, la filosofía es susceptible a ascensos, apogeos y descensos. Los primeros siglos de la era cristiana, por ejemplo, carecen de originalidad filosófica y acaso sin gran necesidad de ella. Son siglos de conservación de la cultura clásica y formación de la cristiana. A falta de filósofos en tales épocas, es frecuente llenar los manuales con los nombres de eruditos, sabios, sofistas y estudiosos de otras ciencias, o peor aún incorporar sin haber leído a los autores los asertos y críticas de compiladores previos.

No es así en el caso de Marías. En su mayor parte, *Historia de la Filosofía* consiste en una labor de primera mano sobre los textos. La posesión de una excelente biblioteca filosófica propia a edad temprana, su capacidad de asimilación en varios idiomas clásicos y modernos, así como su memoria prodigiosa le permiten prescindir de citas de segunda mano. El resultado son docenas de interpretaciones auténticas, actualizadas, geniales y respetuosas. *Historia de la Filosofía* es un tesoro de información sobre pensadores importantes pero apenas conocidos. El lector descubrirá que esto es uno de los mayores encantos del libro. En manos de Marías la discontinuidad inherente de la filosofía no son meros vacíos que pasa por alto. Más bien, comenta con suma perspicacia la forma de vida y las actividades intelectuales y eruditas que en tales épocas sirven de sucedáneos.

E. La visión céntrica de Marías

En los siglos modernos la filosofía de varias culturas o países occidentales suele ser formalmente *excéntrica*. Quiero decir que se hace filosofía desde una parcela de ella o desde una tradición excesivamente condicionada por factores nacionalistas o culturales. En muchos casos se trata de un fenómeno que he llamado en otro contexto el "provincianismo de la metrópoli". El mismo Marías lo ha señalado varias veces—aunque bajo otra denominación. Es el supuesto de que fuera del ámbito de las culturas predominantes presididas por grandes urbes—París, Londres, Nueva York, etc.—no sucede nada que valga la pena. En materia de filosofía se supone que la que se produce en tal cultura será la filosofía sin más y que las ajenas serán o derivadas o imitaciones inferiores.

Nada más lejos de las circunstancias españolas en la época escribió su libro Marías. A falta de una larga tradición filosófica española, los pensadores ibéricos no tuvieron más remedio que aprender otras lenguas, asimilar el pensamiento de multitud de filósofos de otras culturas y, en algunos casos, ir a estudiar al extranjero, por ejemplo, Ortega. Pero este se sorprendió y en cierto modo se desilusionó al darse cuenta que sus profesores alemanes sabían muy poco de sus importantes contemporáneos franceses.

Paradójicamente, pues, resulta que el atraso cultural de España se convierte a la larga en virtud en la época de 98. Porque al tener que dominar todas las corrientes filosóficas clásicas y modernas, los pensadores españoles, incluso Marías, se sitúan plena y céntricamente en el conjunto del pensamiento occidental. No es de extrañar, pues, la superioridad de *Historia de la Filosofía* al compararla con otros manuales de filosofía de aquella época.

Aparte de este esbozo modesto, solo me permito añadir una nota sobre el temple vital de Marías tan evidente en esta obra juvenil y nunca desmentido durante su larga trayectoria filosófica. Repito las palabras tan aptas de Platón ya citadas por Zubiri en su *Prólogo* de 1940: "Es hermoso y divino el ímpetu ardiente que te lanza a las razones de las cosas". Este ímpetu o amor, si se quiere, ha condicionado toda la obra de Marías.

Aquí no nos incumbe seguir paso a paso las etapas de la filosofía desde sus comienzos en Grecia hasta Ortega y el siglo XX. Es una historia que Marías cuenta mejor que nadie y con todo lujo de detalles y significaciones. Solo destaco un pasaje de especial relevancia: "Hemos seguido, siglo tras siglo y etapa tras etapa, la historia entera de la filosofía desde Grecia hasta Ortega. Dios ha querido que podamos cerrar esta historia, justificadamente, con un nombre español. Al llegar aquí, la filosofía nos muestra, a pesar de todas las diferencias, la unidad profunda de su sentido."

Finalmente, no está fuera de lugar colocar *Historia de Filosofía* en el conjunto de la obra de Marías. No me refiero al orden cronológico sino a la trascendencia de su propio pensamiento. A la luz de la historia es evidente que *Historia de la Filosofía* fue el primer paso en la reivindicación de la época que empezó con los grandes escritores del 98 y se reanudó como buenamente pudo tras los estragos de la Guerra Civil, primero en la persona de Marías y luego con las aportaciones de otros. Él pertenece a la más joven de la serie de generaciones que remontan a Unamuno y congéneres de las que siempre se consideró heredero. Fue especialmente intensa su adhesión a Ortega. Pero como él mismo ha dicho, si es inexplicable sin Ortega, también es irreductible a él. Porque si es verdad que dio unos pasos más allá de Ortega y otros de las generaciones anteriores, también dio otros más acá. Quiero decir que pretende justificarlos al devolverles su plena significación desde una perspectiva abarcadora—y en cierto sentido, previa—que los sitúa en su circunstancia histórica y ante los imperativos de su época. Para decirlo con otras palabras, al seguir adelante, Marías también se ve obligado a dar marcha atrás para poder reinvindicar lo más valioso de las generaciones anteriores, las que son su propio punto de arranque.

Historia de la Filosofía culmina pero no termina en Ortega y la razón vital. De todos los pensadores de su tiempo, en este libro y otros Marías ha sido el más firmemente decidido a no dar por terminadas las posibilidades de las de que él es heredero, discípulo y continuador. *Historia de la Filosofía* forma parte, pues, de un esfuerzo heroico dirigido a conservar y continuar una espléndida posibilidad española, la que en tono de admiración el pensador Helio Carpintero ha calificado de "clásica".

Retrato Filosófico de Julián Marías[80]

A. Introducción

Frente a las filosofías supeditadas a otras disciplinas—las ciencias biológicas o la lingüística, por ejemplo, cuyo rasgo común es una postura de indiferencia a la realidad de la persona como tal—don Julián Marías se esforzó incansablemente durante varios decenios de una larga vida (1914-2005) por precisar lo que significa "persona" y "vida humana" ante otras categorías de realidad. Aunque encontramos fuera de la filosofía ciertas tesis o enunciados algo parecidos a los suyos—la teología, las ciencias o incluso los aforismos, por ejemplo—se distingue la filosofía de otras formas de saber en una actitud, la cual, según Marías, ". . . consiste en partir de una multitud de certidumbres parciales o insuficientes que descubren la carencia de otra certeza capaz de dar razón de ellas y justificarlas. Lo que hace que algo sea filosofía no es tanto lo que se 'dice' o afirma como lo que se pregunta". Además, de acuerdo con Marías, la realidad personal, eje de su filosofía, es de una unicidad irreductible, la cual, a riesgo de caer en crasos errores, no se amolda a los instrumentos y métodos intelectuales aplicables a pretensiones o fines extra-filosóficos. Como dice Marías en uno de sus últimos libros: "Es menester entender la persona como aquella realidad cuya forma consiste en vivir, lejos de toda cosa, realidad dramática en la que

---

[80] Los tres tomos de la autobiografía de Marías. *Una vida presente: Memorias* (Madrid: Alianza Editorial, 1988-89), no solo contienen datos e hitos de su vida, sino que constituyen a la vez, a modo de crónica, un panorama histórico de importantes acontecimientos y personajes del siglo XX.

acontece la que parecería una contradicción ontológica: la inclusión de la irrealidad por la condición futuriza, la persistencia del pasado a pesar de haber transcurrido" (*Mapa del mundo personal*). Precisamente en el siglo XX y esta vez en España ocurrió lo que Marías califica de un "punto de inflexión" en la filosofía occidental que permite superar esta esquematización reduccionista de la persona.

De este "punto de inflexión" y sus refinamientos ulteriores se trata en este curso. Veremos algunos—no todos por supuesto en tan corto tiempo—de los logros y posibilidades de esta manera de pensar.

Como profesor del curso[81], es mi deber señalarles a ustedes, los alumnos, algunos hitos orientadores. Pero el viaje exploratorio y los descubrimientos que supone, ustedes lo harán solos. A eso es a lo que se llama aprender. En última instancia, como decía el mismo don Julián, pensar, filosofar, es algo que hacemos forzosamente solos, ensimismados, o a veces, solos tal vez con otras soledades, pero siempre supone llegar a últimas cuentas con nosotros mismos.

El formato del curso es estructuralmente sencillo; consiste en una narrativa de la vida de don Julián Marías en la cual están colocadas lecturas de algunas de sus obras clave. Estas comentaremos en nuestras sesiones y en un breve ensayo particular de cada alumno hacia el final del curso. Este esquema narrativo refleja la convicción del mismo don Julián de que la

---

[81] Seminario graduado sobre el pensamiento de Julián Marías, Universidad Pontificia Bolivariana, Medellín, Colombia. septiembre, 2014. Estos comentarios sirvieron de texto orientador del curso.

razón vital e histórica que iremos comentando es una razón biográfica y narrativa y por lo tanto que entre la filosofía y la vida de un pensador cualquier línea divisoria es puramente formal o editorial sin anclaje en la realidad.

B. Biografía intelectual de Julián Marías

Remontan las raíces de esta filosofía a la temprana fecha de 1914—año en que nació Marías en Valladolid—y concretamente a "la vuelta táctica" de don José Ortega y Gasset al darse cuenta en *Meditaciones del Quijote*—libro que Marías iba a comentar magistralmente en la edición de 1957—de que el verdadero encuentro fenomenológico no lleva a mi "conciencia de las cosas," como quería Edmund Husserl, menos aun a un simple pensar abstracto, como decía Descartes, aunque ambos son pasos importantes, sino que me descubro ya entre las cosas y las personas circundantes, haciendo algo con ellas, algo que llamamos vivir. A diferencia de lo que pretende Descartes, el pensar sin objeto es improbable, mejor dicho, imposible. Dice Ortega en las lecciones de ¿Qué es filosofia? (1929) que pensar es siempre pensar algo o en algo, y esto quiere decir que ese algo, la famosa—y ficticia—cosa en sí existe fuera de mi mente, motivo de tantos dolores de cabeza. De modo que la filosofia idealista es de raíz deficiente por estar planteada a medias. De ahí el celebrado *cogito* de Ortega: "Yo soy yo y mi circunstancia, y si no la salvo a ella, no me salvo yo".

Por ser dinámica y proyectiva la realidad personal, no cabe "suspender" la vida de acuerdo con el *epokhé* husserliano para analizar esta "conciencia de" a nuestro antojo. La vida es siempre urgente, emergente y por lo tanto, perentoria. Se vive aquí y ahora sin posible demora. "El tiempo ni vuelve ni tropieza" reza el viejo verso de Quevedo.

La urgencia de la vida, la cual dista mucho de ser el equivalente del *Angst*, la angustia, en que insiste Heidegger; tampoco es la prisa de los frenéticos desfasados. Quiere decir simplemente que hay que hacer las cosas en su debido tiempo y según las necesidades vitales, ni antes ni después ni fuera de ritmo.

(En varias ocasiones pude observar de cerca a Marías al acompañarlo a una u otra función en España, Estados Unidos u otros países. Era un hombre de muchísimos compromisos, viajes, proyectos y una agenda llenísima. Pero nunca lo vi apresurado. Todo lo hacía a tiempo con calma, complacencia y suma eficiencia. Siempre disponía del tiempo suficiente para hablar con los amigos, que eran muchos, escribir cartas, libros y artículos, leer los montones de libros, revistas y ensayos que le llegaban de varios países casi diariamente, recibir a familiares y amistades, asistir a tertulias intelectuales, acaso ir a un restaurante o al cine. Decía que el cine era la forma artística más importante de nuestro tiempo. De ahí los dos tomos de *Visto y no visto: crónicas de cine*. Es como si el tiempo—indulgente y elástico frente a él—se estirara de una forma difícilmente comprensible.)

Como filósofo empieza, como antes aludimos, con este núcleo del pensamiento orteguiano: no solo es apremiante la vida sino que por ella nos comunicamos con todas las otras realidades desde las más prosaicas y humildes hasta las más sublimes y trascendentales. Por eso viene a ser en el léxico compartido por Ortega y Marías "la realidad radical" en la cual encontramos "radicadas" todas las demás realidades.

La vocación filosófica de Marías fue naciendo, como él mismo lo dice, "de una manera imprecisa y vacilante". Nació en

Valladolid, 17 de junio de 1914, calle de Colmenares, casa número 8 donde pasó sus primeros cinco años. De aquella época vallisoletana tranquila y feliz en el seno de "una familia reducida, estable, transparente," siempre conservó, además de la elle castellana y aragonesa, recuerdos nítidos y entrañables.

Su padre, don Julián Marías de Sistac (1870-1949), aragonés nacido en Alcolea de Cinca, Huesca, era el apoderado de la antigua Banca de Jover y Compañía. De espíritu religioso y principios morales intachables, su padre era, en las palabras de su hijo, "anticlerical inofensivo" al estilo de muchos republicanos de entonces. Tenía veneración por los escritores de generaciones anteriores, y aunque leía poco a los contemporáneos, admiraba a Miguel de Unamuno y José Ortega y Gasset.

Su madre, María Aguilera Pineda (1874-1938), andaluza nacida en Porcuna, Jaén, perdió muy pronto a sus padres y se fue a vivir a Valladolid con su hermano Juan, catedrático, donde conoció al que sería su esposo. Marías dice de ella que "era espontáneamente distinguida y alegrísima". Con tantos años en Castilla se había debilitado su acento andaluz, aunque conservaba "el gracejo, la forma de instalación propia de su tierra." Agrega Marías que su madre era "profundamente religiosa, sin la menor beatería pero con una fe sólida y compacta, vivida con naturalidad y sin gazmoñería ni intolerancia."

Del matrimonio nacieron tres hijos: Pablo (1907-1910), Adolfo (1911-1930) y Julián (1914-2005). Niño precoz, el pequeño Julián habló con extraña claridad mucho antes de cumplir los dos años. También muy temprano aprendió a leer solo al preguntar por los letreros en la calle. Sus primeros conocimientos del francés procedieron de la lectura improvisada y sin tutor de unos catálogos de armas de su padre, excelente tirador. Desde muy niño fue voraz lector: la prosa de Zorrilla, pronto Don Juan Tenorio (que nunca dejó de entusiasmarle), los libros de Julio Verne y Salgari, las aventuras del Oeste, revistas.

En 1919 la familia Marías se estableció en Madrid, Calle Hortaleza, número 40 (después 26). Tras una breve época de relativa holgura, las circunstancias económicas empezaron a nublarse y hubo estrecheses, precarias hasta 1923, algo moderadas después. Solo en enero de aquel año pudo por fin empezar las clases de colegio. Pero no tardó en dominar todas las asignaturas a su alcance, y a instancias de su maestro, inició sus estudios en el Instituto Cardenal Cisneros. Sobresalió en las ciencias— matemáticas, física, química—y no menos en Latín y geografía.

Leía las novelas españolas del siglo XIX, los libros de viajes, novelas y poesía francesas. Se adelantó con excelentes maestros en francés y alemán, menos tal vez en inglés, aunque más tarde llegó a dominar a la perfección este idioma. Fue reuniendo por poco dinero libros en varias lenguas y en muchos casos en excelentes ediciones, afán que fue decisivo en su vida de escritor, ya que como el decía "... explica que mi obra ha sido copiosa".

Terminada su formación en ciencias en el Instituto Cardenal Cisneros en 1931, Marías sintió "una vaga inquietud" hacia las cuestiones últimas, unida a una atracción por la literatura y la historia. Por eso, en la Universidad de Madrid se matriculó en las dos facultades. Su primer contacto real con la filosofía fue con don Xavier Zubiri en un curso titulado "Introducción a la Filosofía". Al terminar el año comprendió que aunque las ciencias le interesaban vivamente, su vocación era la filosofía. Por lo tanto, dejó aquella facultad al año siguiente (1932) y se limitó a la de Filosofía y Letras. Fue cuando conoció personalmente a don José Ortega y Gasset, Catedrático de

Metafísica desde 1911.

A los quince años había leído con entusiasmo las *Notas* de Ortega y ahora bajo su magisterio universitario aquel tropismo inicial hacia la filosofía fue cobrando una forma definitiva. Tenían los alumnos de Ortega la sensación de estar asistiendo, estremecidos, al desvelamiento de la realidad y que ésta había adquirido de repente trasmundos y dimensiones insospechados. Diría Marías de aquella experiencia muchos años después: "La primera impresión era que la realidad es inagotable, que es refulgente, que es incitante."

Para el joven Marías y sus compañeros la manera de pensar de Ortega exhibía, a modo de camino maravilloso, una esencial capacidad de tránsito por la realidad, con el maestro al principio y más allá de él después. Y esto es precisamente, dice Marías, lo que los griegos entendían por *methodos*. Era un pensamiento emergente, necesario, incitante, visual, responsable. Don Julián diría más tarde que la filosofía es "la visión responsable". Recuerda la experiencia con estas palabras: ". . . eso es filosofía; la estoy viendo hacerse; y, en la medida que pueda poseerla, será también mía—yo adivinaba la condición casi eucarística que tiene la verdad . . ."

La experiencia universitaria dejó profundas huellas en Marías, y no solo por el magisterio de Ortega. La Facultad de Filosofía y Letras también contaba con egregios profesores en muchas disciplinas. Precisamente por aquella época figuraba entre las más prestigiosas facultades de Europa. Era un dechado de rigor intelectual, de respeto, de libertad. Dice Marías al respecto: "Mi deuda a aquella Facultad no se puede pagar más que de una manera: siendo fiel a ella, lo que fue cinco años y debió ser siempre."

Terminada la licenciatura en junio de 1936, Marías pensaba volver en octubre para empezar los estudios del doctorado. Era de esperarse también que dadas sus dotes intelectuales se incorporaría algún día a la ilustre Facultad. Pero el destino dispuso de las cosas de otra manera. Las noticias eran cada vez más alarmantes; se insistía en la normalidad, pero la guerra civil estaba ya en estado naciente.

Liberal no por convicciones partidistas sino porque creía que el liberalismo reflejaba la condición de la vida humana, Marías se incorporó a las fuerzas republicanas, pero "con una inmensa repugnancia a mucho de lo que se hacía en su nombre" y con la evidencia de que la República, pese a su legitimidad, iba por mal camino "en manos de los que eran muy poco liberales". No le tentaron nunca ni el fascismo ni el comunismo. Sabía que el verdadero enemigo no eran los otros españoles sino la guerra misma. Más tarde se consolaría con la certeza de que dado su papel de traductor, escritor y locutor en lengua francesa no lo expuso a matar a nadie.

En plena guerra, falleció su madre en 1938. Dice que fue la mayor tristeza que hasta entonces había sufrido. Al terminar la guerra en 1939, decía Marías que por lo menos lo peor se había acabado. Veía oscuro su propio futuro, "pero todo sería mejor que la guerra".

Acertó en ambas entrevisiones. Aunque de una pobreza extremada, la vida cotidiana del pueblo madrileño muy pronto empezó a normalizarse, pero también en el plano personal comenzaron otros sinsabores. Un compañero del Instituto y Universidad lo denunció. Fue detenido y estuvo preso desde mayo hasta agosto de 1939. Al salir con una libertad provisional que resultó definitiva, llegó a cuentas con sí mismo.

No podía ser profesor en España como lo hubiera deseado, pero al mismo tiempo le repugnaba toda idea de dejar a su país. ¿Qué posibilidades le quedaban? Acaso traducciones mal pagadas, clases particulares de poco rendimiento, preparación de temas para algún opositor, libros. Sobre todo, libros. Luego vería con evidencia filosófica que para ser buen filósofo hay que ser excelente escritor. Pero en aquel entonces la condición de excelencia era antes que nada el asunto previo y urgente de poder ganarse la vida. Pero nunca pensó seriamente en abandonar la filosofía.

Fue entonces cuando realmente tuvo que habérselas con el pensamiento orteguiano. Solo con sus libros, notas y recuerdos, el fue descubriendo desde su propia circunstancia la verdad imperiosa de esa filosofía. Comenta textualmente aquel acercamiento solitario: "Cada día me sentía más hondamente instalado, a nivel distinto, en una filosofía repensada, revivida, prolongada hacia direcciones a que mi propia vocación me llevaba".

En 1940 aceptó dar clases en una institución privada, Aula Nueva, compromiso que duró hasta 1948. También se dio de alta como escritor y en 1941 salió su primer libro *Historia de la Filosofía*. Escrito en 1940 a sugerencia de su amiga Dolores Franco Manera, *Historia de la Filosofía* significaba un paso importante en la reanudación de la vida intelectual en España. Era el primer libro nuevo de un escritor novato después de la Guerra Civil. Afirma el autor que era un libro "extenso, complejo, de esos que se escriben en plena madurez". Desde la Argentina y sin haber leído el manuscrito, Ortega aprobó su publicación por Revista de Occidente.

Una de las intuiciones rectoras de la filosofía de la Facultad era que la filosofía es forzosamente argumental y dramática porque lo es la vida humana. Y para él, ésta constituye, más allá de cualquier sistema textual o formal, el verdadero sistematismo de la filosofía. De ahí la celebrada "claridad" del libro del joven Marías. Era una claridad argumental, ya que lo que se entendía era esa historia en su movimiento dramático y no solo los componentes o capítulos aislados.

A la fecha Marías tenía veintiséis años y había escrito un libro que suscitó las más diversas críticas, desde las más elogiosas hasta las más hostiles. Pero pronto hubo una forma de aprobación innegable: las ventas del libro. Los 3.500 ejemplares de la primera edición se agotaron rápidamente. Salió otra edición y también se agotó pronto. En las próximas décadas salieron cincuenta ediciones y desde que pasó a manos de Alianza Editorial en 1985 han salido otras quince ediciones. Existe ya en varios idiomas y sigue siendo uno de los libros filosóficos más vendidos del mundo.

Gratamente sorprendido por las ventas de *Historia de la Filosofía*, Marías empezó a creer que le permitirían casarse con Dolores Franco. Desde hacía tiempo eran inseparables. Compañeros de clase en la Facultad, su amistad se intensificó a raíz de experiencias compartidas durante y después de la Guerra Civil. "Nuestra compenetración era absoluta", dice Marías, "nuestras personas eran enormemente distintas, pero compartíamos innumerables cosas y nos entendíamos a media palabra". Al principio ella se resistió a la idea de casarse e insistió en su amistad. Era una mujer intelectual y no creía que el matrimonio fuera su destino. Pero lo era y se casaron el 14 de agosto de 1941.

El joven matrimonio se dispuso a vivir modestamente en una

casa pequeña pero nueva en Covarrubias junto a la calle de Sagasta y la Plaza de Alonso Martínez. Tuvieron cinco hijos, todos varones: Julián (Julianín), Miguel, Fernando, Javier y Alvaro.

Marías nunca había sido especialmente "unamunista". Sus contactos personales con el gran pensador salmantino se limitaron a un par de semanas en la Universidad de Santander en el verano de 1934. Sus afinidades intelectuales venían de sus maestros universitarios, sobre todo Ortega y durante años también Zubiri. Pero sí sentía la atracción de las ideas y la persona de Unamuno. Le interesaba su actitud religiosa, que no entendía, como no entendía muchas cosas unamunianas. Creía, sin embargo, que sin ser su discípulo era necesario dar razón de él y de su obra.

Fue así que nació su libro *Miguel de Unamuno*, el primer libro que escribió después de casado. Justifica la obra con estas palabras del Prólogo: "Unamuno ha sido un pensador azorante, de difícil aprehensión, lleno de íntimas dificultades . . . Pero, al mismo tiempo, existen en su obra geniales adivinaciones y aciertos a los que no podemos renunciar." Terminado en 1942, el libro salió en 1943, pero lo había empezado realmente en 1938, menos de dos años de la muerte de Unamuno, con un largo ensayo escrito para la revista *Hora de España* sobre el significado de su pensamiento.

Si Unamuno era el tema del libro, el procedimiento exegético era orteguiano, desde luego no por parte del propio Ortega sino de Marías, porque éste lo somete a la razón vital formulada por Ortega. Al mismo tiempo se da cuenta de que en cierta forma y tal vez a regañadientes de parte de Ortega, el pensamiento orteguiano ya llevaba una huella unamuniana. Hay que tener en cuenta que si *Meditaciones del Quijote* es la reacción enérgica de Ortega frente a la tradición idealista neokantiana es al mismo tiempo el fruto de su irritabilidad contra el irracionalismo que el año anterior—1913—Unamuno había presentado en su forma más apasionada y seductora en *Del sentimiento trágico de la vida en los hombres y en los pueblos*.

Naturalmente no cabe buscarle sistemas formales a Unamuno, que no los hay, y por eso no se limita Marías a lo que dice, aunque está lejos de desdeñarlo. Más bien señala lo que es o sería posible derivar de esa perspectiva única y, por lo tanto, inimitable. Marías encuentra en el pensamiento unamuniano—que califica de protofilosófica—vías inéditas hacia la realidad personal: la narrativa como acceso a la realidad humana, el carácter irreductible de la persona, la llamada "intrahistoria" y la "sed" de inmortalidad. Para Unamuno la vida perdurable aunque racionalmente improbable no por eso deja de ser irrenunciable. De ahí la condición trágica del hombre que iba a tener una fuerte resonancia en Marías, aunque desde un planteamiento estrictamente filosófico.

A pesar de múltiples obstáculos, Marías no había renunciado al doctorado. Decidió hacer una tesis sobre la filosofía del P. Gratry (1805-1872) cuyo libro más importante *La Connaissance de Dieu* es una de las muchas traducciones que realizó Marías (*El conocimiento de Dios* [1941]). Aceptó publicar la tesis Editora Nacional dirigida por don Pedro Laín Entralgo. Apenas terminada la tesis en enero de 1942, Marías la presentó ya en galeradas para la defensa ante el tribunal universitario. Fue suspendida por este y después publicada por la editorial con el título *La filosofía del padre Gratry*. Hay un colofón: pasaron nueve años y Marías se doctoró con la misma tesis ya puesta al día y con algunas adiciones.

Historia de la Filosofía justifica el pasado filosófico al actualizarlo en su circunstancia histórica. Termina con una referencia al pensamiento de Ortega, el cual para Marías era el más alto alcanzado hasta entonces. Desde este nivel se le imponía la tarea de escribir su próximo libro, *Introducción a la filosofía*. Comenzó a escribirlo hacia fines de 1945 y lo terminó en poco más de un año: enero de 1947.

Ortega, recién vuelto a España tras un exilio de nueve años, no quiso leer el libro. Había visto el índice y se dio cuenta de que era una obra fundamental del pensamiento de Marías y de que los dos estaban desarrollando distintas dimensiones de la misma filosofía—"nuestra filosofia", solía decir Ortega a partir de aquella fecha. Por eso dijo que lo indicado era no desviarlo con sus comentarios—ni dejar que Marías lo perturbara a él.

La "introducción" era toda una innovación. No se trataba de hacer un manual más de temas filosóficos, a modo tradicional, sino de introducir al hombre de mediados del siglo XX en la filosofía. El punto de partida no es, pues, el pasado sino la situación del hombre actual. Por eso el largo capítulo introductorio se titula "Esquema de nuestra situación." Por partir de la situación actual y con la melodía de épocas pasadas que el hombre actual lleva dentro y en cierta medida lo constituye, el libro exhibe el carácter dramático y sistemático de la vida misma que se proyecta sobre la obra entera.

Al dedicar el libro a Ortega, Marías explica que es un libro "filial". Sin embargo, a diferencia de lo que sucede en la vida civil, en filosofía es el hijo quien reconoce al padre, pero desde otra situación. Lo cual quiere decir que la filiación legítima es forzosamente innovadora. Por lo tanto, su relación con Ortega es la de toda filosofía auténtica con el pasado filosófico: "inexplicable sin él, irreductible a él".

Dentro de la misma línea filosófica pero desde otros supuestos, hay que colocar *Biografía de la filosofía* e *Idea de la metafísica*, ambos libros salidos en 1954, aunque porciones de aquél aparecieron como trabajos publicados en distintas fechas entre 1942 y 1951. Pero al escribirlos Marías se dio cuenta de que cada uno exigía los demás. Lejos de una artificialidad editorial. ". . . se trata de un libro unitario, escrito y publicado fragmentariamente."

No se trata en la "Biografía" de una historia de la filosofía en cuanto tal, eso es, de sus contenidos específicos o concretos, "sino una historia de lo que la filosofía ha significado, y lo que se ha entendido por filosofía, desde Grecia hasta nuestro tiempo". Es un libro clave en la producción de Marías y fiel a su modo de pensar, pero por los motivos que sean, ha merecido solo una atención modesta.

En cuanto a *Idea de la metafísica*, breve libro poco comentado por los estudiosos del pensamiento de Marías, se trata de la metafísica vista desde dos planteamientos: (A) el clásico, incluso la polémica sobre metafísica y antimetafísica en los siglos modernos; y (B) la metafísica según la razón vital, arraigada en el pensamiento orteguiano y retocada por el mismo Marías.

Por aquellos años al matrimonio Marías les fueron naciendo hijos: Julián (Julianín) en noviembre de 1945, Fernando en diciembre de 1949, Javier en 1951 y Alvaro en 1953. Y los proyectos y libros iban acumulándose a la par. En el plano teórico ya afinada la metodología de la razón vital, había llegado el momento de dar pasos hacia la filosofía concreta, sobre todo en lo que se refería a cuestiones sociológicas, históricas y literarias. Tras la vuelta de Ortega a España en 1945 iniciaron los dos pensadores una serie de proyectos colaborativos unidos por una común necesidad doctrinal. La más notable de estas colaboraciones fue el Instituto de Humanidades, Madrid, 1948-50.

Para su primer curso Marías escogió como tema "El método histórico de las generaciones", teoría que Ortega había esbozado en varios escritos sin dejar una versión definitiva de ella. Vale la teoría en su forma esquematizada de Ortega para épocas definidas por alguna figura epónima, Descartes, por ejemplo. Marías da unos pasos más al introducir un procedimiento metodológico que permite un análisis generacional de épocas inciertas y desdibujadas. También inicia el estudio del papel de la mujer y trata el factor complejo de la longevidad inaudita de las generaciones más recientes. Lo convirtió en libro, *El método histórico de las generaciones* (1949), que fue traducido a varios idiomas.

Este libro fue un paso decisivo en el perfeccionamiento del método de la razón vital e histórica que posteriormente iba a posibilitar escribir ensayos sobre historia concreta: *La España posible en tiempo de Carlos III* (1963), los tres volúmenes de *La España real* (1974-78) y una serie de ensayos y libros "sobre países": Estados Unidos, la India, Israel, Hispanoamérica, Andalucía y Cataluña. Desde otro nivel habría que incluir en este ciclo como ejemplo de máxima concentración histórica su monumental *España inteligible* (1985).

Aunque Marías no vaciló nunca en su lealtad incondicional hacia Ortega, no siempre coincidió con él. Para su primer curso en el Instituto de Humanidades, por ejemplo, Ortega anunció que daría un curso sobre el historiador británico Arnold Toynbee cuyas ideas e imagen gozaban de prestigio en círculos académicos e intelectuales. Para Marías era una decisión equivocada y trató de disuadirlo. Dice textualmente: "No me parecía de suficiente importancia para que Ortega le consagrara un curso entero, y tan significante después de su vuelta a España . . ." Ortega no le hizo caso y siguió adelante con Toynbee. El curso, repleto como todas las obras de Ortega de conceptos e ideas de alto vuelo, resultó magistral, pero el mundo intelectual no tardó en olvidar a Toynbee, lo cual relegó el curso a una importancia secundaria y de poca resonancia en la producción de Ortega.

En todo caso, el regreso de Ortega no significó la plena reanudación de su magisterio intelectual. No volvió a ocupar la Cátedra de Metafísica, y por decisión suya no tuvo ninguna intervención oficial ni desempeñó cargos públicos. Aunque el pueblo español le guardaba un respeto reverencial y Ortega gozaba de prestigio en el extranjero, su autoridad intelectual fue disminuyendo y en cierto modo su imagen se había desdibujado en los años de su ausencia. Dice Marías en *Ortega. Las trayectorias* que inevitablemente en la década de su ausencia hubo cambios sutiles en el ritmo de la vida española, de los que Ortega parecía no siempre darse cuenta. Acaso sea una exageración decirlo, pero es como si tras el exilio de Ortega, el espíritu creador del orteguianismo hubiera venido a posar sobre Marías.

1949 trajo intensos dolores a la casa de los Marías. Murió su padre en febrero. Poco después, en junio, a los tres años y medio cayó enfermo su hijo Julián e inesperadamente falleció. En *Una vida presente. Memorias* Marías recuerda aquellos días atroces y el hundimiento y la tristeza que duraron semanas y meses enteros. Dice textualmente: "Ya nada fue como antes. Pero era menester seguir adelante". El nacimiento de su tercer hijo, Fernando, en diciembre fue "la primera alegría en medio de la abrumadora tristeza . . ."

La lealtad de Marías, de máxima intensidad en el caso de Ortega, también se extendía a las tres generaciones anteriores. Explica su adhesión con estas palabras: "Nuestra solidaridad con esas tres generaciones anteriores ha sido radical, irremediable, a prueba de reservas y descontentos. Hemos sentido que en ello iba la vida futura de España y la salvación de todo lo que nos parecía valioso, estimable, original insustituible en un milenio de vida española, en medio milenio de creación universal, transespañola". En plan de guardián espiritual de la época plurigeneracional en la que se formó, Marías se siente responsable de ella. Cae sobre él lo que se puede llamar el "peso de excelencia" de la época que lleva el título—insatisfactorio por exiguo—de "La Generación del Noventa y Ocho".

Por lo tanto, al empezar a manifestarse las primeras resquebraduras alrededor de 1960, las cuales eran de esperarse de acuerdo con la teoría de las generaciones y "constelaciones", Marías redobla sus esfuerzos por asegurar la continuidad de lo más valioso del pasado. Pero no lo hizo simplemente para poder archivarlo como una tradición caduca sino para hacerlo disponible como una realidad "futurible", es decir, utilizable para las generaciones venideras.

A pesar de ser los años 1952-54 un período especialmente áspero y combativo con alguno que otro tropiezo con la censura y la hostilidad oficial, pudo reunir artículos y ensayos en forma de libros: *El existencialismo en España, Aquí y ahora, Ensayos de convivencia* e *Idea de la metafísica*. Día tras día se esforzaba por salvar "los restos posibles del naufragio". Sin cuidarse de lo que se decía en contra suya, pero sí cuando se trataba de otros, respondía siempre al ver atacados o escarmentados sin razón los que merecían respeto y hasta admiración. Al mismo tiempo a un nivel más profundo y personal se sentía cada vez más contento de estar viviendo en España y más vinculado que nunca a ella.

En forma más acusada tras la muerte de Ortega en octubre de 1955, la tarea más urgente de Marías respondía a un doble imperativo: primero, dar razón de Ortega, lo cual consistía en completarlo consigo mismo y "darle sus propias posibilidades"; y, siguiendo una línea inherente en el orteguianismo pero que apunta más allá de Ortega, intentar lograr una teoría de la estructura empírica de la vida humana. Su comentario minucioso de *Meditaciones del Quijote* (1957) fue un paso importante en el proceso de desbrozar el camino hacia *Ortega. Circunstancia y vocación*, comenzado en 1957 y publicado en 1960. El mismo comentario contenía el germen de la teoría empírica que desde 1947 le rondaba por la cabeza.

Marías escribía rápidamente casi sin enmendaciones ni correcciones. De memoria prodigiosa, fotográfica, solo raras veces consultaba libros de referencia. Sin embargo, tardó casi tres años en terminar su primer *Ortega.* Se explica en parte por su extensión, Pero Marías alude también a otros factores. Hacía falta investigar con cuidado no solo las relaciones entre Ortega y otras figuras eminentes de la cultura española y la filosofía europea sino también los orígenes, rasgos y variaciones de la España contemporánea. Por otra parte, aunque la filosofía de Ortega era textualmente fragmentaria—no solía terminar definitivamente sus libros—exhibía una firme estructura subyacente cuya reconstrucción era menester emprender, lo cual solo era posible desde el mismo nivel filosófico, pero dando unos pasos más allá de Ortega—y otros más acá con el motivo de recrear hasta lo posible las circunstancias intelectuales e históricas de la época de Ortega. Todo esto suponía una larga asimilación personal de una filosofía aún en estado naciente. Por eso, escribe Marías, ". . . mi propio pensamiento tuvo que dar pasos considerables mientras escribía este libro, precisamente para poder escribirlo".

Por otra parte, y esta vez más allá de Ortega, Marías iniciaba todo un ciclo de escritos que habían de converger en la estructura empírica, individual y colectiva de la vida humana. Había tropezado con su necesidad al escribir *Introducción a la filosofía* (1947), y de manera más evidente en *El método histórico de las generaciones* en 1949. Abordó el tema formalmente en una comunicación al Congreso de Filosofía de Lima en 1951 y luego al Congreso Internacional de Bruselas en 1953. Es un tema fundamental de *La estructura social* publicado en 1955. Por eso *La estructura social* resulta ser un libro denso e innovador. Presenta nuevas precisiones del problema de las generaciones; se desarrolla el concepto de vigencia que Ortega había añadido al léxico filosófico, asimismo los de creencias, ideas y opiniones; se estudia las relaciones entre el poder y las potencias del Estado y como ambos afectan a las posibilidades humanas; y, finalmente, se refiere todo esto a la muerte y las ultimidades de la persona.

Mientras tanto, se le fueron presentando experiencias y proyectos: otros viajes a las Américas, Norte y Sur, y otras tierras—California, Chicago, Puerto Rico, el Brasil, la India, Francia, Dinamarca, y otras amistades, entre ellas, Pablo Casals, Jaime Benítez, Diva Ribeiro, Gilberto de Mello Kujawski, Thornton Wilder, Waldemar Nielsen, y Pío Baroja.

Crecidos los hijos y aumentados prodigiosamente los libros y papeles, el piso de la calle de Covarrubias les resultaba cada vez más pequeño. Tal vez sin los ingresos necesarios previsibles pero con la esperanza de alguna mejoría, consiguieron un piso nuevo en Vallehermoso 34 y se instalaron el 20 de enero de 1959 firmemente decididos a no mudarse más. Allí residió Marías hasta su fallecimiento en 2005.

No se había resignado nunca a la decisión de Ortega de suspender en 1950 las actividades del Instituto de Humanidades. Por los años 1960-69, bajo el patrocinio de la Sociedad de Estudios y Publicaciones y con la ayuda de la Ford Foundation, Marías pudo realizar el proyecto de promover el espíritu del Instituto en el Seminario de Humanidades. Dirigido por Marías y con la colaboración de Pedro Laín Entralgo, Enrique Lafuente Ferrari, Rafael Lapesa, José Luis Aranguren, Melchor Fernández Almagro y unos cuantos miembros jóvenes, el Seminario, sin la dimensión docente, tenía como meta lograr comprender a base de trabajo en equipo la estructura histórico-social de la España de los siglos XVIII a XX. Se utilizaba como texto orientador *La estructura social* de Marías.

A pesar de inconvenientes y frecuentes increpaciones, el prestigio intelectual de Marías ya se había consolidado de una manera definitiva. Pero no fue menos la sorpresa cuando en octubre de 1964 fue elegido miembro de la Real Academia Española. Dio su discurso de ingreso sobre "La realidad histórica y social del uso lingüístico", con contestación de Rafael Lapesa. Se sabe que el régimen veía la elección con malos ojos, pero carecía de medidas legales para impedirla. Fueron siempre invariables la solidaridad y adhesión de Marías que explica con estas palabras: "Siempre he creído que la lengua española es una de las realidades más valiosas que existen, y que merece nuestra atención y nuestros desvelos."

Para Marías lo más valioso que se había producido en la España del siglo XX era el pensamiento riguroso, máxime porque este rigor había reverberado eficazmente en otras disciplinas, elevándolas a un grado de perfección superior. De ahí su inclinación a "acudir a brecha" frente a la "destrucción consentida" de los valores. Se trataba de salvar la continuidad creadora de la España contemporánea.

Lejos de ser un panorama abstracto, este ideario español tenía que incluir la interpretación histórica y humana de sus regiones, precisamente para poder hacer hincapié en su profunda unidad más allá de todo regionalismo. Fue así en 1965, tras el viaje anual—uno de tantos—a Andalucía con el grupo estudiantil de Mary Baldwin College (EEUU) que Marías escribió el breve libro *Nuestra Andalucía*. Salió en 1966 en edición bellísima ilustrada por el pintor Alfredo Ramón y comentada en sus dimensiones artísticas por Enrique Lafuente Ferrari. Confiesa Marías que ". . . es uno de mis libros preferidos, escrito con ilusión, con extraordinaria complacencia". Debido a la enorme resonancia de *Nuestra Andalucía*, don José María Hernández, Director de El Noticiario Universal, le propuso a Marías que escribiera una serie sobre Cataluña. Salió *Consideración de Cataluña* en 1966. Se agotó pronto la edición. Poco después, ambos libros fueron incluidos en *Meditaciones sobre la sociedad española* (1966).

A partir de 1967 en sus viajes por los Estados Unidos y Europa Marías encontró cambios sensibles y poco esperanzadores. Los estudiantes norteamericanos eran visiblemente menos alegres. Se había agudizado la conciencia de los problemas raciales y era cada vez mayor la impaciencia de las minorías. Aun más evidente era el paso de una actitud de complacencia a otra de crítica generalizada.

No eran más alentadoras las circunstancias europeas. En filosofía seguía vigente el existencialismo ateísta de J.-P. Sartre. Para Marías era una doctrina cuyos componentes eran ideas atenuadas o inactuales que daban soluciones falsas a los verdaderos problemas. De una base contradictoria y una dialéctica arbitraria, durante algunos años el existencialismo de Sartre y su escuela gozó de una popularidad intensa, tal vez más en departamentos de literatura que en facultades de filosofía. Pero de todas maneras el movimiento no tardó en desaparecer definitivamente.

De signo muy distinto y con otra finalidad era el libro que Marías publicó en 1968, *Nuevos ensayos de filosofía*. Pretendía dar ejemplos de lo que para él más falta hacía en aquella época desalentada: el pensamiento teórico, riguroso y responsable. Poca fue su resonancia, sin embargo, lo cual se explica, dice Marías, ". . . porque ya se había consolidado en los medios de comunicación la decisión de no hablar más que de lo que gustaba".

Por fin llegó el momento de escribir el más importante y personal de sus libros: *Antropología metafísica: La estructura empírica de la vida humana*. Con este libro escrito más allá de Ortega y Heidegger, aunque lleva dentro aportaciones de ambos y acaso hubiera sido imposible sin ellas, sobre todo las de Ortega. Desde hacía años las ideas rectoras estaban formuladas, pero dice que le faltaba el estilo literario adecuado a su expresión.

Cuesta trabajo justificar una demora de más de veinte años por una cuestión de estilo. Pero a modo de comparación piénsese en las dificultades estilísticas de Heidegger que han ofuscado su pensamiento. Para Marías, lejos de ser elementos incidentales o secundarios de la filosofía, el género literario y el estilo del escritor son elementos fundamentales de ella. Dice a los veinte años de haber escrito *Antropología*: "Me parece evidente que las dificultades de la filosofía en muchos momentos de su historia, y desde luego en nuestra época, se deben a la inadecuación de los géneros y a la falta de imaginación para descubrir y realizar los exigidos. Sin duda porque se ha desdeñado excesivamente el ingrediente literario de la filosofía, que es esencial." También importa tener presente que *Antropología* no es simplemente un nuevo libro sino otra manera de filosofar. Lo comenta en *Memorias*: ". . . el libro a que me refiero representó un nivel, no solo en mis ideas, sino en mi biografía misma".

En *Antropología metafísica* se distingue entre la analítica orteguiana de la vida, o en menor grado el análisis existencialista del *Dasein* de Heidegger, y la persona definida o caracterizada por las estructuras empíricas de esa vida. El tema es nuevo, aunque supone los adelantos de los pensadores aludidos. Al entrar en un terreno nuevo, Marías tuvo que crear o afinar el léxico. Sin embargo, es un libro conciso con un mínimo de tecnicismos. He aquí algunos de los términos, todos—menos el último de los incluidos a continuación—sacados o adaptados del español corriente: instalación, sesgo, vector, trayectoria, futurizo, amor y enamoramiento, sexuado.

Estamos ya a un nuevo nivel en el pensamiento de Marías. Es evidente cierta aceleración y a la vez que un tono de autoridad intelectual en la prosa de Marías. *Antropología metafísica* significó para Marías algo así como una divisora de aguas. Por un lado, justificó con este libro su pasado filosófico, al descubrir desde nuevas perspectivas virtualidades del orteguianismo más allá de Ortega, y por otro, abrió camino a todo su pensamiento ulterior.

Acabado de publicarse *Antropología* en 1970, Marías se

encontró de nuevo en la Argentina. Decían los amigos argentinos, sobre todo Jaime Perriaux, uno de los más íntimos, que si Marías iba todos los años a los Estados Unidos, no veían por que no había de hacer sendos viajes a la Argentina. Y los amigos brasileños—Diva Ribeiro y Gilberto de Mello Kujawski, entre otros—opinaban lo mismo de sus visitas al gran país de habla portuguesa. Sin mermar la novedad de cada viaje, iba tan seguido a aquellos países y otros que América fue adquiriendo el carácter de algo consabido. (Decían los amigos puertorriqueños que mayo "era el mes de Marías".) Esta familiaridad con los países latinos había de informar los libros sobre su realidad: *Sobre Hispanoamérica* (1973) e *Hispanoamérica* (1986).

Residían algunos de los mejores amigos en Soria y desde hacía años eran fuertes las vinculaciones de la familia Marías a esa ciudad, "... en la que se nos consideraba como algo propio", dice Marías. Entre 1972 y 1977 dirigió para estudiantes en su mayoría extranjeros unos Cursos de Estudios Hispánicos en la Casa de Cultura. Desfilaron por las aulas prestigiosos intelectuales: Enrique Lafuente Ferrari, Rafael Lapesa, Fernando Chueca, Manuel de Terán, Miguel Delibes, Carmen Martín Gaite, Luis Díez del Corral, José Manuel Blecua, el P. Batllori, José Antonio Maravall, Pedro Laín Entralgo, Juan López-Morillas. A la vez que la Editorial Revista de Occidente emprendía una edición conjunta de sus obras, Marías, más atento a las necesidades del lector, hizo gestiones para que la misma editorial preparase una serie de libros sueltos bajo la rúbrica El Alción. Así salieron nuevas ediciones de libros publicados anteriormente, *Innovación y arcaísmo* (1973) y *Sobre Hispanoamérica* (1973), además de otros ensayos que se habían publicado con anterioridad. Más tarde salieron en edición nueva *Visto y no visto*, además de *La justicia social y otras justicias* y *Literatura y generaciones*.

Palpita en todas estas obras una preocupación por España y lo hispánico, y habría que agregar, por la civilización occidental. Para Marías no se trataba de partir desde visiones utópicas sino de la realidad y por lo tanto proyectos realizables. La otra cara de la moneda eran los logros culturales que podrían echarse a perder. A nivel personal esto quería decir que cada uno tenía la obligación de obrar desde sus posibilidades efectivas en estricta fidelidad a la vocación. En su caso esta era de escritor y pensador, condición que lo llevó a esta definición: "El escritor es el hombre que interpreta desde su lengua, desde su país, personalmente, la realidad en forma expresa." Al entrar el régimen franquista en su etapa agonizante y en vísperas de la restauración de la Monarquía y la democracia, esta fórmula no tardó en convertirse en iniciativas concretas de parte de Marías. Naturalmente deseaba un cambio profundo en la vida política española, pero no cualquier cambio ni a cualquier precio. Por casualidad coincidía el declive del régimen con un cambio generacional y era urgente prepararse para ambas transiciones.

Lo más grave era que no había opinión pública y era necesario formarla. Con este motivo Marías emprendió en 1974 una serie de artículos en *La Vanguardia* con el título "Hacia 1976". Para Marías lo esencial era no engañarse sino tomar posesión de la situación real, a la vez prometedora y peligrosa. A la pregunta ¿Qué va a pasar?, Marías prefería otra de signo más esperanzador, ¿Qué vamos a hacer? Porque a su modo de ver las cosas, se trataba de que los españoles tomasen en sus propias manos el destino del país, ". . . no cedérselos al primer recién llegado audaz o dejárselos arrebatar por una ráfaga de viento irresponsable". En 1976 reunió los artículos en el libro *La España real* cuya primera edición se agotó en cuatro días y que estuvo muchas semanas en la lista de los libros más vendidos. Al año siguiente *La devolución de España* recreaba lo que se había sugerido en el primer volumen de la serie. Se trataba de restablecer un verdadero proceso político, pero para que este pudiera volver a existir hacía falta algo previo: sacar a luz las raíces de la concordia histórica e intrahistórica, las que desde hacía siglos configuraban la sociedad española. Y no solo España; Marías tenía conciencia de que la empresa en que estaban involucrados los españoles no era exclusivamente suya. Más allá de las relaciones formales y deliberadas existía un influjo involuntario de España sobre los países de lengua y cultura españolas. Por eso, decía Marías: "si acertamos, Hispanoamérica tendrá el horizonte abierto para mejores cosas que si fracasamos".

Ecribió tres libros más sobre el tema de España: *España en nuestras manos* (1978), *Cinco años de España* (1981) y *La libertad en juego* (1986). Aunque una de sus pretensiones era hacer posible el pensamiento político, Marías se guardó de caer en la politización del pensamiento, que es precisamente lo contrario y, según él, una de las plagas de nuestro tiempo.

Hacia el final del verano de 1976 y poco antes del viaje anual a los Estados Unidos, Marías se sentía hondamente preocupado por la salud de su esposa. Al año siguiente volvieron como de costumbre a Soria y en las interrupciones de los trabajos hicieron muchos viajes en automóvil con hijos o amigos por las regiones de España. Mientras España se iba transformando pública y políticamente, iba creciendo la imagen que de ella tenían. Pero la salud de su esposa no mejoraba. Rodeada de los suyos ella murió el día de Nochebuena de 1977. Escribe Marías: "Fue una muerte humana, personal, conmigo, cerca de las personas queridas". Y agrega: "Para mí fue el fin. No, por desgracia, el fin de mi vida, como hubiera deseado, sino el de todo lo que tenía sentido". Salvo alguno que otro artículo, suspendió por más de un año los escritos más personales."

Pero en medio de la desolación personal, quedaban sus obligaciones transpersonales. El Rey Don Juan Carlos lo nombró Senador en junio de 1977, y aunque su vocación era estrictamente otra, cumpliría puntualmente los deberes. En enero de 1978 se publicó el anteproyecto de Constitución que le pareció alarmante: ". . . el primer golpe serio al optimismo político que había sentido durante los dos últimos años". Dice haber pensado ". . . que si no era capaz de reaccionar, me iba a avergonzar el resto de mi vida". Grande fue la conmoción provocada por su artículo "La gran renuncia", y por lo que se puede deducir de las maniobras arcanas, en su conjunto eficaces las consecuencias.

Aunque puesta a la prueba por su situación personal, la fe de Marías siguió intacta. A diferencia de muchos pensadores modernos para quienes existe una tensión entre la fe y la filosofía, para Marías Dios no era un "problema" o tema prohibido de antemano sino alguien absolutamente real. La condición de creyente no cierra la inteligencia; más bien la mantiene abierta a la verdad. De su fe escribe en sus *Memorias* que ". . . si la hubiese perdido, me hubiese parecido, no solo una infidelidad a Dios, sino también una deslealtad a Lolita, una manera de apartarme de ella".

En agosto de 1978 a invitación del Aspen Institute for Humanistic Studies, aprovechó la soledad y aislamiento en las altas montañas del Estado de Colorado para pensar detenidamente en temas religiosos. Sin ser hasta entonces su ocupación principal desde hacía decenios eran objeto de su reflexión. Desde lo que hubiera llamado su "radicalismo", de no haber sido profanada la palabra, escribió *Problemas del cristianismo* (1979). Plantea si no por primera vez, al menos con más insistencia varias cuestiones del cristianismo como tal religión, frente a las ideologías sociales o políticas que aunque válidas tal vez en su esfera, tienden a usurparlo y acaso a tomar en vano su nombre una vez fuera de ella. Desde conceptos forjados en *Antropología metafísica* reanuda el tema de la posible conexión antropológica de esta vida con la otra y señala como posible base de una futura teología los pasos que ha dado la filosofía en la comprensión de la vida humana.

En los últimos meses de 1979, aún sin estar del todo convencido de poder hacerlo, se animó a volver a su verdadera vocación de escritor filosófico. Al intentarlo, tuvo clara conciencia de que solo sería posible "... desde la más profunda intimidad, no desde las zonas periféricas de la persona, sino desde su mismo centro, después de entrar en últimas cuentas conmigo mismo". Desde esta intimidad, a imagen de múltiples amistades y, sobre todo, un gran amor, escribió *La mujer en el siglo XX* (1980).

Eran varias las razones para intentar escribir este libro. Desde luego, las había personales, pero al mismo tiempo respondía a los cambios profundos, se puede decir una crisis, que habían sobrevenido a la mujer en Europa y América. En numerosas obras anteriores Marías había explicado la doctrina de la razón vital. Pero aún faltaba una dimensión clave: la razón femenina. La razón vital existe en dos formas, la masculina y la femenina. Son dos caras de la misma moneda humana, inseparables pero también irreductibles, aunque sí complementarias. No se trata de la igualdad de los sexos, que no hay tal, sino de un equilibrio dinámico; tampoco es una relación de superioridad e inferioridad. Más bien se trata de lo que se puede calificar de "complementaridad sexuada".

Aunque por aquellos años Marías tenía puestas grandes esperanzas en el futuro de España, eran mínimas con respecto a la Universidad. Las transiciones de los sectores políticos apenas habían tocado la Universidad cuyo deterioro, al parecer de Marías, se había consolidado. Temía ver prolongarse en otra forma lo que para él era la enajenación del espíritu universitario. Compartía la opinión de Ortega de que en el estado de la Universidad se reflejaba el nivel vital de un país. Grande, pues, fue su sorpresa cuando el ministro Luis González Seara le propuso la Cátedra "José Ortega y Gasset" de Filosofía Española adscrita a la Universidad Nacional de Educación a Distancia (UNED). El homenaje a Ortega era un aliciente, sobre todo al pensar en lo que podía contribuir la Cátedra a la continuidad de su herencia intelectual. Aceptó y fue aprobado. El primer curso de Marías se inauguró el 12 de diciembre de 1980 con una conferencia titulada "La nueva misión de la Universidad", enlazando así con el celebrado ensayo de Ortega de medio siglo antes.

En 1981, después del acostumbrado viaje a América—del que volvió entristecido por la muerte del excelente amigo Jaime Perriaux—Marías se vio involucrado, como de costumbre, en varios proyectos. El primero fue obra del Papa Juan Pablo II, que convocó en la Pontificia Universidad Lateranense una reunión de intelectuales tanto de la Europa occidental como de la oriental para tratar "las raíces comunes cristianas de las naciones europeas". Se pretendía remediar el poco trato del elemento eslavo en la historia europea.

En 1981 a invitación de FUNDES (Fundación de Estudios Sociológicos), Marías fundó la prestigiosa revista *Cuenta y Razón* que desde entonces viene publicando ensayos y perfiles de filósofos, artistas, catedráticos, políticos y expertos de varios sectores de la sociedad española.

Otro proyecto, organizado por FUNDES a mediados de la década de los ochenta, tenía como objetivo, como reza el título, las "Grandes metas para la Humanidad", es decir, los proyectos posibles hacia fines del siglo. Contaba con el apoyo y participación de grandes organizaciones internacionales e intelectuales de intachable prestigio. Aunque Marías solo tenía una confianza limitada en que esa cooperación fuese eficaz, le constó que significaba algo importante para la imagen de España.

También se involucró inesperadamente en las actividades de una comisión para el análisis científico y técnico de un Plan Nacional de Electrónica y de Informática, en estado naciente en aquel entonces. Asistió a las sesiones con su habitual puntualidad, meditó mucho sobre el significado humano de la electrónica, y escribió un libro sobre el tema: *Cara y cruz de la Electrónica* (1982). Menos grato era el recuerdo de su actuación en el Ateneo debido a las interferencias y manipulaciones partidistas y la pasividad de los demás ante tales tácticas ofuscadoras.

En 1982, a los veintisiete años de la desaparición de Ortega, ya era hora de escribir el segundo libro sobre él. Aunque aplazada muchos años, era una obligación nunca renunciada. Entre el primer libro de 1960 y este habían cambiado muchas cosas, incluso la imagen de Ortega. Al empezar a escribir el primer volumen en 1957 Ortega aún era plenamente actual; su cara y su actuación pública eran conocidas. Pero en 1982 su figura se había desdibujado, sobre todo para las generaciones más jóvenes. Coincidió esta decisión de Marías con una invitación para ser miembro del *Council of Scholars* de la Biblioteca del Congreso de Washington. Fue así que el 14 de junio de 1983 que empezó a escribir *Ortega. Las trayectorias*.

Sin llegar a ser una "biografía", supone la configuración de la vida de Ortega con su dramatismo personal y filosófico. De otro modo carecería de sentido hablar de las "trayectorias" orteguianas, realizadas o no en vida de Ortega. Por otra parte, dice Marías que es un libro solo comprensible ". . . si se veía en él una enorme porción de mi vida". Por lo tanto, es también un libro que ni debe ni se parece mucho a otros "estudios". Será tal vez por eso que ha habido cierta resistencia recelosa de parte de los estudiosos a la imagen del Ortega de "Las trayectorias". Naturalmente, Marías lo veía con otros ojos. Para él significaba que su "Ortega" ya estaba completo y disponible para quienes quisieran adueñarse de esa filosofía.

La "Aceleración" antes aludida en la obra de Marías desde la publicación de *Antropología Metafísica* no hizo sino intensificarse por la década de los ochenta. Cuesta trabajo comprender tanta concentración de energías—incesantes viajes, conferencias, cursos, amistades, artículos, libros, compromisos—a la luz del abatimiento personal que define aquellos años. Confiesa haber estado dominado por "una resistencia a vivir" que solo mediante un esfuerzo constante lograba superar. No se trataba de sumergirse sin más en cualquier trabajo sino de encontrar "un enérgico estímulo", algo que le incitara a ilusionarse. Para él la única manera de seguir que valía la pena era "vivir ilusionado".

Este mismo emparejamiento de apariencia paradójica de

ilusión y desánimo explica, al menos en parte, el título de un breve libro sobre el tema, *Breve tratado de la ilusión* (1984). Pero solo en parte; para Marías el haber experimentado intensas ilusiones no basta cuando se tiene vocación teórica. Luego de meditar sobre el tema y desde varios ángulos de acceso a lo largo de más de veinte años, encontró dos sorpresas. Descubrió que aunque el mismo vocablo "ilusión" existe en los idiomas de ascendencia latina, o como es el caso del inglés, fue importado del francés, solo en español significa un estado de ánimo entusiástico y esperanzador. En las otras lenguas tiene el sentido de algo ilusorio. La otra sorpresa fue que al indagar el tema se dio cuenta de que era poco lo que se sabe de la ilusión tal como funciona en la lengua española.

Descubrió Marías que fueron los románticos españoles, sobre todo Espronceda, que primero dieron al término una acepción positiva. Pero era poco probable que este registro fuera solo de origen literario. Más bien parece referirse a ciertos caracteres futurizos del hombre solo expresados de manera balbuciente en otros idiomas: la vida como irrealidad, en términos ontológicos, la realidad que existe como posibilidad, es decir, como imagen o realización proyectiva del deseo, de la vocación, del amor, del anhelo de inmortalidad.

Por lo tanto, la ilusión se enlaza con el argumento de la condición humana y debido a un acertado logro lingüístico acaso con un enfoque especialmente intenso en la vida española e hispánica.

Como portavoz de su generación, Ortega había preguntado, "Dios mío, ¿qué es España?" La tesis de Ortega en *España invertebrada* (1923) es que desde sus orígenes es un país achacoso, congénitamente excéntrico, estructuralmente deficiente en comparación con Francia, por ejemplo, que para Ortega es el país europeo idóneo. Tienen puntos en común esta visión lastimosa de España conflictiva y enigmática con los libros de Unamuno, Américo Castro y Sánchez-Albornoz, además de interpretaciones de extranjeros como la de R. A. Stradling. Encuentra Marías una excepción a tales interpretaciones en los estudios de Ramón Menéndez Pidal. Pero son precisamente esto: estudios concretos de determinados hechos, épocas y personajes y por lo tanto sin pretensiones teóricas. Hay que mencionar en este contexto el viejo texto de Manuel García Morente, *Idea de la hispanidad* (1947) de tono más positivo y en ciertos puntos no muy lejos de la perspectiva de Marías. Dice García Morente, por ejemplo, "El sentido profundo de la historia de España es la consustancialidad de país y religión", a lo que añade que ". . . servir a Dios es servir a España". También merecen mención las ideas esperanzadoras de Pedro Laín Entralgo en *La Generación del Noventa y Ocho* (1947).

Marías discrepa de Ortega y los otros maestros de tono pesimista aludidos. En 1985 presenta su propia interpretación en *España inteligible. Razón histórica de las Españas*. La razón histórica es una de las creaciones más importantes de Ortega pero ni él ni nadie la había aplicado a la realidad de España y "las Españas". En *España inteligible* se trata simplemente de la historia de España, es decir, su propia historia y no la de otros países ni desde patrones impuestos desde fuera. Y decir España implica o complica necesariamente los países descendidos de ella: las Américas hispanas, o de acuerdo con el uso de antaño: las Españas.

Pero para poder dar razón de España y "las Españas" es menester arrasar el haz de sinrazones más o menos consagradas que suelen desvirtuar su historia, a saber: los moros, la Inquisición, la destrucción de las Indias, la decadencia y el

Mosaico. Así, para auscultar su verdadero latido histórico, Marías va demoliendo uno por uno los temibles anti-mitos de España. Por ejemplo, lejos de ser un mosaico demográfico fortuito y el resultado de fuerzas incontrastables, la España que se perfila en la obra de Marías se constituye a lo largo de los siglos como país cristiano y occidental precisamente frente a la tentación y presión de lo "otro", es decir, frente al mundo islámico y oriental cuyo poder e ímpetu imperiales por momentos parecían invencibles. En esta búsqueda de la España perdida e ideal—perdida una y otra vez—pero siempre irrenunciable, Marias encuentra el hilo que enlaza inteligiblemente los largos capítulos de la historia española.

La preocupación por el hombre como persona, que Marías señala en *España inteligible* como un tropismo o intuición rectora de la civilización española, une sus libros posteriores en un conjunto coherente. Sus dos libros sobre la mujer, *La mujer en el siglo XX* y *La mujer y su sombra,* son intentos de comprender a la mujer como persona en toda su realidad femenina, evitando todo intento de convertirla en un mero simulacro legal o político del hombre. Pero a diferencia del tema de la situación histórica de la mujer actual en el primer libro, en el segundo se trata más bien de las zonas de intimidad y las relaciones posibles entre hombre y mujer. De acuerdo con Marías, las transformaciones experimentadas por la mujer occidental desde la época victoriana son de una trascendencia tal que suelen encubrir la condición misma de la mujer, pasando por alto la realidad humana de que son variaciones estos cambios históricos.

Conforme iban pasando los años, los libros de Marías marcaban cada vez más los hitos de su propia biografía. Al no serle posible escribir todos los libros deseables, hacía falta escribir con selectividad, es decir, los "biográficamente necesarios", los que se amoldaban a este criterio: "No quisiera morirme sin escribir este libro". Así su libro, *La felicidad humana* (1987) cuyos capítulos él presentó inicialmente como un largo curso en el Instituto de España.

Comenta Marías que a diferencia del hombre clásico que solía atribuir la felicidad, o al menos la posibilidad de ella, al sabio, hoy en día se tiende a asociarla con el necio. Será porque se ha pensado muy poco en la felicidad, ya que con la indiferencia las cosas humanas decaen, sobre todo las más importantes. Desde fechas muy tempranas y reiteradamente en libros sucesivos el tema de la felicidad le había merecido de Marías una atención detenida. Así, por ejemplo, su artículo de 1952, "La felicidad humana: mundo y paraíso", y sobre todo, *Antropología metafísica*, *Breve tratado de la ilusión* y los libros sobre la mujer. Al mismo tiempo tenía el recuerdo de la experiencia de la felicidad. Una vez más coinciden la trayectoria filosófica y la biografía de Marías. Sabía que la felicidad es irrenunciable aunque su plenitud y permanencia son imposibles en esta vida. Por eso la califica de "el imposible necesario".

Al terminar de escribir *La felicidad humana* tenía setenta y tres años. Durante el decenio de estar solo se veía como un "superviviente impaciente" y al principio no creía vivir muchos años. Pero estos se fueron acumulando mientras que él seguía sin deterioro físico y con "una extraña incapacidad de cansarme". Le importaban mucho algunas personas y ciertos proyectos transpersonales mientras que lo impersonal le interesaba cada vez menos.

Fue entonces cuando empezó a ilusionarse con la idea de recapitular su vida, de traerla a presencia y tomar posesión argumental de lo que del siglo tenía vivido. Suponía el proyecto los adelantos logrados en los libros desde *Antropología metafísica*. "Sin ellos no hubiera sido posible esa forma de aprehensión e interpretación de la vida, bastante distinta de todas las memorias que había leído . . ." Sin embargo, en los libros anteriores se trataba de teorías, de enunciados, mientras que en las Memorias era cuestión de poner las teorías en marcha al narrar su propia vida. No sabía si podía escribir tal libro, pero al intentarlo se dio cuenta de que no podría dejar de hacerlo. En un mes y medio escribió las 389 páginas del primer tomo que abarca los años 1914-1951; en enero de 1989 terminó el segundo volumen, aun más extenso, que cubre los años 1951-1975; y el 9 de julio del mismo año compuso las últimas páginas del tercer volumen de *Una vida presente. Memorias*. Faltaban varios días para completar un año de haberlo empezado y había escrito más de 1.200 páginas en que quedaban reflejados tres cuartos de siglo de vida personal, e involucrada en ella la historia de grandes porciones del mundo.

Apenas terminado el último volumen de las *Memorias*, cuyas primeras ediciones se agotaron pronto, Marías se puso a escribir un libro sobre Cervantes, *Cervantes clave española* (1990). El germen del libro, según dice el mismo Marías, empezó en forma de un ensayo, "El español Cervantes y la España cervantina" publicado en 1966. Hasta cierto punto Marías justifica otro libro sobre Cervantes por el mismo deseo de hacerlo. Se da cuenta de que no es fácil decir nada sobre Cervantes que no se haya dicho antes. Pero por otro lado, por ser una realidad humana Cervantes es un tema, mejor dicho, una persona, inagotable. Y si se añade a esto el que cada época lo vea desde una perspectiva única, cierta originalidad de interpretación es inevitable. De todas maneras, el propósito de Marías no se limita a darnos otra biografía de Cervantes sino de facilitar vía él nuestro encuentro con la España cervantina. El lector español no encontrará en aquella España de antaño la suya pero sí una España que es también suya. Dice Marías: "... la lleva dentro, y si no la posee no entiende la de su propio tiempo, no acaba de ser él mismo".

Como si este trabajo fuera poco, aun antes de terminar el último tomo de las *Memorias*, Marías había empezado otro largo curso sobre "La educación sentimental", convertido en libro en 1991 y publicado en 1992. El tema y el título pertenecían a aquellos que desde hacía largos años le acompañaban y que ya tenía en cierto modo prefigurados. *La educación sentimental*—el título es de una vieja novela de Flaubert—es, pues, otro de la serie de libros "biográficamente necesarios".

La vida, dice Marías, es intrínsicamente histórica, y es por eso que acontece biográficamente. Decía Ortega que para comprender cualquier cosa humana, hay que contar un cuento, dentro de un marco histórico. Pero aunque se proyecta la vida humana dentro de las formas histórico-sociales, no está adscrita programáticamente a ninguna de ellas. De la situación histórica y social se sale siempre tarde o temprano—por eso se llama situación y no condición—porque la vida es espontánea pese a lo que enseñan los deterministas, ya que el mismo determinismo es algo humano que se aprende, como se aprende todo lo humano. Decía Ortega que somos novelistas de nosotros mismos. Lo que tiene la última palabra en la vida no son solo las circunstancias sino también y tal vez con impacto preponderante "... la reacción viva, inmediata, directa a los elementos de la circunstancia, especialmente a las personas". Sin embargo, la espontaneidad nativa e ineducada suele ser pobre y poco libre. Hay que educarla. Por eso, entiende Marías la educación en este sentido como ". . . cultivo e incremento de la espontaneidad". En *La educación sentimental* se trata de examinar las formas históricas de esta educación, sus distintos registros, sus contrastes, deficiencias y posibilidades. Para Marías la educación sentimental es uno de los nexos de la vida en torno a los cuales se organizan y donde se encuentran las raíces de nuestra humanidad. El empobrecimiento de sus formas en nuestra época y la recaída correspondiente en la elementalidad neoprimitiva contrastan con el nivel alcanzado en otros sectores, el científico y el técnico, por ejemplo.

Al llegar a últimas cuentas con sí mismo, Marías vuelve sobre el tema de la filosofía misma en *Razón de la filosofía* (1993). Estuvo vacilando entre este título y otro, quizás "El porvenir de la filosofía", pero prefirió el que lleva el libro tal vez por su actitud recelosa hacia toda forma de predicción. *Razón de filosofía* es un libro a la vez denso y claro, escrito con suma economía lingüística, una tendencia cada vez más marcada en sus últimos libros de Marías. Parte su indagación de la pregunta acaso irritante pero fundamental para el filósofo: "¿Por qué hacer filosofía? Se entiende, la auténtica, porque desde su punto de vista la inauténtica corresponde a los motivos más diversos y dudosos. Por eso, Marías cree que la historia de la filosofía es discontinua. siempre susceptible a factores ajenos a ella que pueden echarla por caminos equivocados. Este fenómeno explica tal vez el que en algunas sociedades occidentales haya escaso interés por lo que existe actualmente bajo la rúbrica "filosofía". En las universidades de habla inglesa, por ejemplo, varias de las cuales Marías conoció hace muchos años en calidad de profesor visitante o invitado, había por aquellos tiempos espléndidas facultades de filosofía que gozaban de abundantes recursos pero de un perfil mínimo fuera de revistas y congresos gremiales. Marías comenta la vida social e intelectual de los Estados Unidos en dos libros: *Los Estados Unidos en escorzo* (1956) y *Análisis de los Estados Unidos* (1968). Lo que decía hace sesenta años o más, es curioso, sigue vigente en la actualidad: la filosofía de abolengo inglés prácticamente carece de imagen visible y a falta de magisterio intelectual social apenas impacta la opinión pública.

Para que la filosofía auténtica exista, dice Marías, tiene que estar arraigada en última instancia en necesidades personales, es decir, en una vocación irrevocable, lo cual quiere decir que los problemas filosóficos son reales, y no simplemente hipotéticos, solo si surgen de la vida misma—individual o colectiva—de las personas. En otras palabras, los verdaderos problemas de la filosofía no pueden ser otros que los de las sociedades, de los hombres y mujeres en su vida efectiva. En este sentido las condiciones que posibilitan y exigen la filosofía son inevitables, aunque siempre susceptibles a desviarse hacia otros cauces.

En la opinión de Marías, la filosofía no depende de la inteligencia sin más. En un ensayo revelador, "Apertura a la verdad", dice textualmente: "Cada vez me parece más confirmada mi vieja idea de 'las raíces morales de la inteligencia'. Mi convicción de que sin una considerable dosis de bondad se puede ser 'listo', pero no verdaderamente inteligente." Y a continuación explica porque es así: ". . . la inteligencia consiste sobre todo en abrirse a la realidad, dejar que ella penetre en la mente y sea aceptada, reconocida, poseída. Es frecuente que la agudeza, la 'listeza' coincida con la maldad, a veces se las asocia; pero si se mira bien se ve que no se trata de inteligencia, es decir, de comprensión de la realidad, sino de su utilización o manipulación".

En *Razón de la filosofía* Marías rechaza las distintas formas de lo que se podría calificar de "reduccionismo eliminatorio" que caracterizan algunas ramas de la filosofía actual, por ejemplo, toda referencia a Dios o a la trascendencia, posible o no, de la persona. Son supuestos insoslayables y en la opinión de Marías, "La filosofía comienza, no cuando se suprimen, porque ello no es posible, sino cuando se desciende a ese subsuelo que son los supuestos mismos. Desde ellos pero no con ellos, haciendo las preguntas radicales que en cada situación se hace la vida, se puede poner en marcha una teoría filosófica".

Una y otra vez, debido a la envidia de algunos pensadores ante el éxito y exactitud de algunas de las ciencias, se ha caído en la tentación de convertir la filosofía en una de ellas, y entre las más humildes. Pero para Marías la filosofía no puede ser una ciencia más, porque es mucho más que una ciencia.

En *Mapa del mundo personal* (1993) Marías sigue su exploración de la condición personal. La realidad personal es radical pero lo es en diversos grados, propensa siempre a la despersonalización y la inseguridad. El "mapa" a que se refiere el título parte del carácter argumental y dramático de la vida personal en sus dos formas de varón y mujer. No se reduce a lo descriptivo, propio de una especie biológica; más bien responde a la narración y la temporalidad porque las relaciones en que consiste el mundo personal acontecen, o mejor dicho, están aconteciendo, en todo momento. Esto significa para Marías que el descubrimiento de la persona es inagotable porque es una realidad emergente, y por eso anticipación de sí misma. También se refiere tal anticipación a las cosas, en muchos casos imprevisibles, productos del azar en otros, pero también a las ya conocidas, las personas con quienes se hace la vida, por ejemplo. Pero aun a estas se las prevé en condiciones distintas, por lo pronto en otra edad.

A diferencia de los mapas geográficos, el personal exhibe la temporalidad que hay que entender en un sentido histórico. Es un concepto que ha penetrado el pensamiento moderno, pero a un riesgo inesperado: ". . . la idea de que las experiencias históricas sucesivas dejan agotadas ciertas posibilidades humanas, que tienen que ser abandonadas y sustituidas por otras". Supone un estrechamiento, un agotamiento de las posibilidades humanas. En realidad, en el plano de las relaciones personales, dice Marías, ". . . la historia interna de cada una de ellas puede permitir un incesante incremento que no reclama agotamiento ni sustitución. Esto es lo que hace inteligible la exigencia de que el mapa personal sea narrativo: es la condición de su fidelidad a una realidad distinta de casi todo lo que el pensamiento ha explorado" (*Mapa del mundo personal*).

En *Persona* (1996) Marías da un último apretón al tema de la persona. Desde hace muchísimos años viene describiendo la unicidad de la persona. En este breve volumen terso y de estilo diamantino, el cual va a completar el ciclo de sus indagaciones de la realidad personal, ha llegado el momento de habérselas con las ultimidades de la persona. Vía la genética, la química y la biología sabemos que es el hombre: una especie de primate, un conjunto de químicas, el descendiente de padres y antepasados. También sabemos que está sujeto a la muerte, "condenado" a ella en lenguaje existencialista, y a la inevitable disolución de su organismo físico. Es mortal y *moriturus*, el ser que tiene que morir—*mors certa, hora incerta*.

Pero queda pendiente la otra pregunta: ¿Quién es el hombre? Lo que es ha sido algo recibido, derivado de los padres y antepasados. Pero "quien" es no se reduce a nada previo. El hijo que dice "yo" es absolutamente irreductible al yo del padre y al de la madre. Al decir "yo" distingue una persona de toda otra realidad efectiva o imaginable. Con referencia a *Antropología metafísica* dice Marías: "La conclusión que extraía de esto era que, en un sentido puramente 'descriptivo y fenomenológico', la creación personal es evidente; la aparición de una persona es la de una realidad nueva e irreductible: precisamente lo que entendemos por creación".

Ahora bien, ¿cuál es el destino de la persona en cuanto un quien, es decir, en cuanto creación, tan distinta de las otras realidades físicas y cósmicas? ¿La muerte biológica del organismo es también la desaparición de la persona creada? Si el nacimiento es creación, la muerte absoluta tendría que ser aniquilación, radical destrucción de la realidad más compleja que conocemos.

El amor sería la medida de como vivimos personalmente a las personas, de como percibimos lo que tienen de personal. "Sería la confirmación de que la persona humana, antes que inteligente o racional, es criatura amorosa. El que no se haya ensayado esta perspectiva es quiza la causa principal de que el sentido de lo que es persona haya escapado casi enteramente al pensamiento".

Pero repetimos la pregunta, ¿cuál es el destino de esta creación que llamamos persona? Como creyente Marías no tiene dudas acerca de la vida perdurable, pero como filósofo no puede descartar sin más la posibilidad de la aniquilación de la persona, haciendo coincidir la muerte biológica con la desaparición definitiva de la persona, y lo que sería aun más doloroso la de los seres queridos.

Todo esto justifica que se cite en su integridad lo que dice Marías al final de *Persona*: "Esto llevaría a pensar en la inverosimilitud de la aniquilación de la persona humana. Si nos vemos obligados a aceptar como evidente su sentido de criatura, tendríamos que pensar y justificar el sentido de su aniquilación. Desde esta perspectiva, la perduración de la persona parece coherente con la forma de realidad que hemos descubierto en ella. Sería menester para rechazarla dar buenas razones para su destrucción. Así planteada la cuestión, parece imposible desconocerla. A menos que se prefiera no ver que la persona humana es una realidad que difiere enteramente de todas las demás y se abandone esa exigencia de hacerse las preguntas radicales que llamamos filosofía".

A partir de 1997 los achaques de la salud de don Julián fueron intensificándose. Sufrió indeciblemente durante el último lustro de su vida, pero sin quejas y con admirable paciencia. Lo más penoso era que no podía seguir leyendo y escribiendo. Durante este tiempo, dictaba sus artículos al P. Enrique González Fernández, discípulo, amigo incondicional y reconocido autor de libros importantes. El P. González Fernández ordenó cronológicamente los artículos y añadió un índice. Se publicaron algunos de estos y otros escritos anteriormente en dos volúmenes bajo el título *El curso del tiempo* (1998). Los artículos posteriores a esta fecha, que iban a ser el último libro aparecido en vida de don Julián, se publicaron bajo el título *La fuerza de la razón* (2005).

Don Julián hizo lo que pudo y murió el 15 de diciembre de 2005. En una entrevista realizada poco antes de su fallecimiento le preguntaron de qué en su vida se sentía más orgulloso. Contestó sin vacilar, "De no haber mentido nunca". Decía Ortega que "la muerte aclara de pronto lo que el hombre fue." El fallecimiento de don Julián Marías constató con imperecedero relieve su apego a la verdad tanto en su vida personal como en su doctrina filosófica. Fiel amigo de muchas personas, pero sobre todo amigo de la verdad, creía, al igual que San Agustín, que la suma manifestación de esta es Dios.

Julián Marías: etapas de una filosofía

Bajo esta rúbrica quiero recalcar brevemente dos niveles, para mí inseparables, del pensamiento de don Julián Marías.[82] Me refiero en primer lugar a la génesis y trayectoria histórica de su filosofía y, en otro plano y de otra índole, algunas características—desde luego no todas—de su modo de pensar y escribir.

Marías comparte la opinión de que la filosofía es inseparable de su historia. Para muchos vienen a ser idénticas, porque es una faena humana y dinámica que lejos de ser un fenómeno aislado, viene aconteciendo desde sus inicios y dentro de circunstancias históricas, sociales y, en última instancia, personales. Por eso, no se trata solo de erudición—en sí nada desdeñable: fuentes bibliográficas, libros, revistas, congresos, cursos universitarios— a los que se dedican principalmente los especialistas en la materia, sino también de niveles, usos y normas de una sociedad. Es decir, consiste no solo en las cosas evidentes y sabidas sino también en las consabidas, las que de puro sabidas pasan invisibles y casi nadie las cuestiona. Naturalmente los usos sociales no nacen con la persona, sino que preexisten y se suponen en la vida de toda persona. Quiere decir esto que además de su contenido doctrinal toda filosofía es también biográfica en el sentido más amplio de la palabra. Uno de los primeros libros de Marías lleva el título de *Biografía de la filosofía*

---

[82] Conferencia pronunciada en la Universidad de la Sabana, Bogotá, Colombia, y en versión parecida en la Universidad Pontificia Bolivariana, Medellín, Colombia; luego incluida en *Julián Marías: un pensador de nuestro tiempo*, Bogotá. Ed. Ana María Araújo, 2016, pp. 19-30.

(1954). Es un libro repleto de conceptos, intuiciones, entrevisiones, y sobre todo, de los problemas que en cada época histórica han sido ineludibles, aunque no siempre susceptibles a soluciones debido a niveles intelectuales inadecuados o métodos deficientes. Creo que es un libro clave en la producción de Marías, pero me temo que hasta ahora no ha recibido la atención que merece. Sería la continuación, o mejor dicho, el complemento de su popularísima *Historia de la filosofía* (1941). Son las dos caras de la misma moneda filosófica.

Pero si la filosofía tiene sus raíces en la historia, en los conceptos, problemas y usos intelectuales generalizados y compartidos en cualquier etapa de una sociedad, ni siquiera bastan estos para lograr su plena comprensión. Dice Marías que solo se vuelve claro el comienzo de una filosofía en vista del final, el cual reobra sobre la trayectoria desde un principio, justificándola o en otros casos desmintiéndola. Sería una triste tarea que no sirve en este contexto citar ejemplos de tales desviaciones a última hora y prefiero no hacerlo aquí. Pero de fidelidad a la meta originaria, o quizás rectificaciones y reajustes eficaces de la misma trayectoria personal, también hay notables ejemplos. Piénsese en Gabriel Marcel o Jacques Maritain.

Pero si es cierto que la etapa final de una filosofía esclarece sus fases iniciales, también señalan su insuficiencia ulterior. No supone esto ninguna especie de deslealtad o deficiencia. Al llegar al final, al completar la dialéctica en cierto modo circular de la vida, no volvemos simplemente al principio, sino que este desdoblamiento de nuestra trayectoria vital nos pone en circunstancias nuevas y por lo tanto ante otros problemas y posibilidades actuales—porque la vida es siempre actual y problemática—más allá de esta filosofía. Para don Julián filosofar auténticamente siempre consiste en ir más allá de lo recibido. Pero también en el caso de Marías se trata de dar unos pasos más acá, porque adueñarse de una filosofía recibida supone una perspectiva más amplia que la del pensador anterior. Por lo tanto, la verdadera fidelidad a un pensador es más que un aprecio de sus logros acaso elevados al nivel clásico. Dice Marías textualmente y con referencia a Ortega: ". . . no es fidelidad al pasado, es fidelidad al futuro. Quiero decir: es fidelidad a los proyectos y empresas. Es fidelidad a la meta."[83] Y la meta no solo es futuriza, como normalmente se cree, sino que también supone lo que va implícito, pero acaso sin ser expuesto textualmente en la obra de Ortega. En sus dos libros dedicados a Ortega Marías pretende ". . . completar a Ortega consigo mismo y darle sus propias posibilidades". [84] Y esto implica ir más allá de los escritos de Ortega, incluso más allá de sus doctrinas y datos. De paso notamos que hay doctrinas que por ser archipersonales apenas si se prestan a continuaciones. Piénsese en el caso de Unamuno o en los ensayos de Montaigne.

Las raíces orteguianas de la filosofía de don Julián remontan a 1914—año de su nacimiento en Valladolid—y lo que Marías iba a denominar "la vuelta táctica" de Ortega. Hacía tiempo que este venía discrepando de ciertas doctrinas alemanas, el neokantismo en la primera fase y luego de manera más intensa, la fenomenología de Husserl. No se trataba de deslealtad a sus maestros alemanes. Decía Ortega que a los pensadores alemanes

---

[83] Marías, *Innovación y arcaísmo* (Madrid, Revista de Occidente. Colección El Alción, 1973), pág. 19.

[84] *Ortega. Circunstancia y vocación*, Madrid. Alianza Universidad (1983), pág. 26.

les debía las cuatro quintas partes de cuanto sabía.[85] Pero esta deuda siempre reconocida no le impidió ver que en su opinión iban despistados sus maestros. Culminó la insatisfacción de Ortega en su primer libro, el espléndido—casi mágico— *Meditaciones del Quijote* (1914). Tras una efímera infatuación (1911-1912) con la fenomenología de Husserl, Ortega la abandona al darse cuenta de que lo primordial no es "mi conciencia" de las cosas, ni el simple pensar sin más, según el famoso *cogito* cartesiano, sino algo previo: yo mismo con las cosas, haciendo algo con ellas, algo urgente e ineludible que llamamos vivir. Por eso resulta imposible la "suspensión" o *epokhé* de Husserl. La vida no se suspende para que la analicemos ociosamente a nuestro antojo. Por "El tiempo que ni vuelve ni tropieza" en palabras de Quevedo, la vida siempre es perentoria. Esta es la "vuelta táctica", con la cual el paradigma reinante de la modernidad va finalizando para ceder su lugar a otro que asomaba en el horizonte: la realidad radical que propone Ortega.

Pero a mi modo de ver, la famosa vuelta táctica de Ortega no se ejecuta en un solo acto, sino que consiste en dos pasos o momentos consecutivos, aunque separados por varios años, por lo menos textualmente. Los dos preludian el segundo nivel en las aportaciones de Marías. En el caso de Ortega, no basta superar a Husserl, aunque es el paso indispensable que posibilita el siguiente. La "conciencia" de Husserl remonta, o supone, algo

---

[85] "No se olvide, para entender lo aquí insinuado, que va dicho por quien debe a Alemania las cuatro quintas partes de su haber intelectual y que siente hoy con más consciencia que nunca la superioridad indiscutible y gigantesca de la ciencia alemana sobre todas las demás." *Obras completas*, (Madrid, Revista de Occidente, VIII), pág. 42.

previo: el *cogito* de Descartes, fuente y fundamento del gran ciclo idealista y subjetivista moderno, al que al final vuelve Husserl. Los jóvenes pensadores de Marburgo—Ortega, Heimsoeth, Hartmann, acaso Cassirer—no quisieron volver con Husserl a Descartes. Veían en tal maniobra una recaída en formas de pensar inactuales que aún vigentes ya no servían. Al principio era poco más que una intuición colectiva de los discípulos, porque de momento no disponen de ninguna doctrina concreta que sustituya las de sus maestros. Para los jóvenes, en palabras de Ortega, "la fenomenología no fue para nosotros una filosofía: fue una buena suerte."[86]

Importa subrayar que a pesar de las deficiencias de la fenomenología de Husserl, sigue válida e indispensable en otro aspecto: precisamente en la manera de acercarse a las cosas tal y como se nos presentan sin imponerles otros esquemas ajenos y abstractos. Decía Ortega que aunque la fenomenología es incapaz de llegar a una forma sistemática debido a su propia consistencia, conservaba un valor inestimable en la "fina estructura de tejidos carnosos que puede ofrecer a la arquitectura de un sistema."[87] Por lo tanto, en vez de desecharla, hacía falta asimilarla rumbo a conceptos superiores. Dicho de otra manera, la filosofía de la vida que iba a formular Ortega sería incomprensible y tal vez imposible sin las lecciones de Husserl.

Pero superada, es decir asimilada, la instrumentalidad de Husserl, queda un obstáculo aun más formidable rumbo a su propia filosofía: el mismo *cogito* cartesiano, raíz del idealismo moderno. La superación del mismo queda indicada

---

[86] *Obras completas*, VIII, pág. 42.

[87] *Ibid.*, pág. 42.

tangencialmente en *Meditaciones del Quijote* así como en ensayos anteriores, pero Ortega expone sus objeciones de manera más tajante en las lecciones de *¿Qué es filosofía?* (1929). He aquí los pasajes clave, que incluyo en toda su extensión, en los que Ortega pone las cosas en claro con referencia a Descartes: "Necesitamos, pues, corregir el punto de partida de la filosofía. El dato radical del universo no es simplemente: el pensamiento existe o yo pensante existo—sino que si existe el pensamiento existen, *ipso facto*, yo que pienso y el mundo en que pienso—y existe el uno con el otro, sin posible separación. Pero ni yo soy un ser substancial ni el mundo tampoco—sino ambos somos en activa correlación: yo soy el que ve el mundo y el mundo es lo visto por mí. Yo soy para el mundo y el mundo es para mí. *Si no hay cosas que ver, pensar e imaginar, yo no vería, pensaría o imaginaría—es decir, yo no sería*".[88]

A los dieciocho años en el otoño de 1932 el joven Marías conoce a Ortega. Este, al apogeo de su prestigio y predominio intelectual, ocupa desde 1910 la cátedra de metafísica en la Universidad de Madrid. Marías confiesa su nerviosismo. Dice ". . . sentía un oscuro temor de no entender bien, de que aquella lectura fuera demasiado para mis años y mi bachillerato. Era una aventura."[89]

Los temores del joven Marías resultaron infundados. Tanto él como sus compañeros de clase tenían la sensación de estar asistiendo, estremecidos, al desvelamiento de la realidad y que esta había adquirido de repente trasmundos y dimensiones hasta entonces insospechados. Ortega hacía su filosofía con los

---

[88] *Obras completas*, VII, págs. 402-03 (subrayos míos).

[89] *Nuevos ensayos de filosofía*. Revista de Occidente (1968), pág. 117.

alumnos, al asociarlos a la tarea metafísica y compartir con ellos la responsabilidad. Era un pensamiento emergente, necesario, incitante, visual, responsable. De ahí la rúbrica con que Marías iba a designar su propia filosofía: "la visión responsable".

Ortega les hizo ver que lo que se descubre no es mi consciencia de las cosas, tal como quería Husserl, tampoco el pensar cartesiano hermético y receloso del mundo interior, sino yo con las cosas. Y lejos de un simple estar con ellas, me descubro haciendo algo con ellas y vía ellas, algo que llamamos vivir. He aquí, pues, el dato primario y radical: mi vida "en su incoercible e insuperable espontaneidad e ingenuidad", o sea, la famosa realidad radical, base de la filosofía orteguiana. Y de ahí el nuevo *cogito* de Ortega: "Yo soy yo y mi circunstancia y si no la salvo a ella, no me salvo yo".

Repito que este descubrimiento constituye lo que llama Marías una "inflexión" en la filosofía occidental, y concretamente, "la vuelta táctica" de Ortega, realizada, a mi modo de ver, en las dos etapas anteriormente señaladas: a saber, la superación de Husserl y luego de Descartes. Desde este nuevo nivel, que no tarda en convertir en la base de su propio pensamiento, Marías realiza todo un acervo de adelantos filosóficos que culminan—pero no terminan—en *Antropología metafísica* (1970). Desde la nueva perspectiva, si todas las cosas conocidas y conocibles, incluso las más recónditas y trascendentales, están arraigadas en "mi vida", por ser el único ámbito donde las encuentro, esto quiere decir que vivir es "aprehender las cosas en su conexión" en palabras de Marías que son aproximadamente las mismas con que luego define la razón. En este sentido la omnímoda realidad que encuentro está sistemática y jerárquicamente arraigada en mi vida. Pero también significa algo acaso más importante: no se puede ni debe imponer otro sistema libresco ajeno a esta condición radicada de las cosas. De ahí la vieja polémica sobre la supuesta "falta de sistema" en Ortega. Lo que pasa es que Ortega descubre la condición sistemática de la realidad, por lo cual no hace falta crear otro secundario y superfluo. Pero también hay que comprender el sistematismo de la realidad no como algo latente, algo que está simplemente delante de uno en una postura supina. La realidad del bosque en *Meditaciones del Quijote* es una suma de "mis" posibilidades, es decir, las de cada cual en su circunstancia. En palabras de Marías, "Con ello introduce Ortega un tema 'ontológico'—aceptemos de momento esta palabra—de suma importancia y que habrá de repercutir largamente en su obra posterior y en todo el pensamiento inspirado en él: el de las realidades que consisten en ser posibilidades."[90] Para decirlo de otra manera: son realidades que consisten en ser también parcialmente irreales por irrealizadas. Es una realidad no solo presente sino también futuriza. Es decir, una realidad viniente que se presenta como anticipación de sí misma. El máximo ejemplo sería la persona. Repercute en múltiples sentidos el dinamismo de este supuesto ontológico en *Antropología metafísica* y otras obras de Marías.

Con los adelantos de Ortega, realizados entre 1920 y 1930, aunque indicados en su pensamiento anterior a estas fechas, hemos pasado del *cogito* cartesiano y su refinamiento husserliano al nuevo paradigma constituido por la "realidad radical". Pero conviene señalar algunas distinciones. Cito a Marías, "La expresión orteguiana 'realidad radical' envuelve dos momentos

---

[90] *Ortega. Circunstancia y vocación*, pág. 413.

significativos: realidad allende (o aquende) toda teoría; realidad en que tienen su raíz todas las demás (realidades radicadas); estos dos momentos son inseparables".[91]

Por lo tanto, la antropología, ciencia del hombre, es distinta del estudio metafísico de mi vida, realidad radical. Mi vida, el ámbito donde encuentro la realidad en cuanto realidad o la suma de mis posibilidades, no es el hombre, ni el yo, ni la conciencia, ni cosa alguna. Aquí Marías cae en la cuenta de que mi vida no es nada subjetivo y por eso no se puede confundir la realidad radical con lo que se llama vida psíquica. "Yo, como plena realidad, ejecutivamente, lejos de reducirme a ninguna subjetividad, co-implico o 'complico' toda otra realidad que encuentro en cualquier forma, y consisto en ejercer una presión futuriza sobre esa circunstancia. Esto es lo que podemos llamar la condición vectorial del yo concreto."[92]

En obras posteriores, Marías va a insistir cada vez más en esta condición vectorial, dinámica o futuriza, de la persona. A diferencia de las cosas materiales, e incluso los animales, cuyo ser es esencialmente susceptible a definiciones y descripciones, la persona real y concreta que soy yo es, repito, en cierto modo también irreal. Al igual que otras personas, soy un ser emergente o viniente, es decir, tengo trayectoria y por lo tanto destino, lo cual involucra el tiempo de una manera sin paralelo en el mundo natural o cósmico. A diferencia del tiempo cósmico —remoto y aparentemente indiferente a mí—, poseo un grado de tiempo personal; lo señalo, lo articulo y modifico. Es el supuesto de todo

---

[91] Marías, *Antropología metafísica: La estructura empírica de la vida* humana. *Madrid*, Revista de Occidente (1970), pág. 65.

[92] *Antropología*, pág. 62.

lo que me propongo hacer y ser. Por lo tanto, ser persona es poder ser más—o menos. Para decirlo de otra manera, solo en una dimensión infrapersonal cabe decir que soy una realidad puramente biológica; como persona soy biográfica. Decía Ortega que somos novelistas de nosotros mismos, lo cual quiere decir que para comprender algo humano hace falta contar un cuento.

"En varios sentidos significaba para mí el comienzo de una nueva fase." Así comentó Marías la publicación de *Antropología metafísica* en 1970. Y a continuación añade que fue un libro "... abandonado y vuelto a empezar, el que iba a ser el más personal y original de cuantos había escrito hasta entonces."[93]

Son comentarios acertados, pero a pesar de la insistencia de Marías en la originalidad de *Antropología* no debemos perder de vista sus aportaciones anteriores a esa fecha clave y en vida de Ortega. Su condición de discípulo fiel de Ortega no significa ningún tipo de servilismo. Más bien lo contrario. Además, es curioso, los dos maestros del pensamiento español de la época, Unamuno y Ortega, desaparecieron en 1936. Murió Unamuno y empezó el exilio de Ortega. En su homenaje a Unamuno, gesto noble y generoso, Ortega describe el "atroz silencio" que sobreviene a España tras el fallecimiento de Unamuno, pero el silencio redobla al marcharse también Ortega.

A los veinte y dos años y solo con sus notas, libros y apuros económicos, Marías se orientó por su propia cuenta. Publicó libros importantes: *Historia de la Filosofía* (1941), *Miguel de Unamuno* (1943), *Introducción a la filosofía* (1947), *El método histórico de las generaciones* (1949), *Biografía de la filosofía* (1954), *Idea de la metafísica* (1954) y *La estructura social* (1955), entre otros ensayos y

---

[93] *Una vida presente. Memorias 2.* (Madrid) Alianza Editorial, 1989, pág. 342.

artículos. Ortega no quiso leer su *Unamuno* debido a la relación problemática de los dos pensadores. Si el orteguianismo es un componente evidente en todos los escritos de Marías, la influencia personal de Ortega apenas se detecta. Acaso sea una exageración decirlo, pero es como si tras el exilio de Ortega, el espíritu creador del orteguianismo hubiera pasado a manos de Marías.

Ortega volvió a España en 1945 tras casi una década de exilio, pero su regreso no significó la plena reanudación de su magisterio intelectual. No volvió a ocupar la cátedra de metafísica en la Universidad y aunque el público español le guardaba un respeto reverencial, su autoridad intelectual había disminuido y en cierto modo su imagen se había desdibujado. Además, dice Marías en *Ortega. Las trayectorias* que inevitablemente en la década de su ausencia hubo cambios sutiles en el ritmo de la vida española y Ortega no parecía siempre darse cuenta de ello. Podemos decir que volvió algo desfasado. He aquí un ejemplo notable: para su primer curso en el Instituto de Humanidades (1948) que fundó con la colaboración de Marías, Ortega anunció que daría un curso sobre el historiador británico Arnold Toynbee cuyas ideas e imagen gozaban de prestigio en círculos académicos e intelectuales. Para Marías era una decisión equivocada y trató de disuadirlo. Textualmente dice: "No me parecía de suficiente importancia para que Ortega le consagrara un curso entero, y tan significante después de su vuelta a España . . ."[94] Ortega no le hizo caso y siguió adelante con Toynbee. El curso, repleto como todas las obras de Ortega de conceptos e ideas de gran calibre, resultó magistral pero el mundo intelectual

---

[94] *Ortega. Las trayectorias*, págs. 404-05.

no tardó en olvidar a Toynbee.

Tampoco acertó Ortega en otras decisiones, sobre todo con referencia a sus escritos. De haber publicado *¿Qué es filosofía?* en aquella época, es posible que hubiera silenciado a los críticos que decían que su filosofía carecía de sistematismo. Pues, las lecciones de *¿Qué es filosofía?* presentan en toda su amplitud una sistematización de la filosofía de la realidad radical y la razón histórica o vital. No obstante, siempre tuvo la intención de retocar las "lecciones" pero debido a problemas de salud e innumerables compromisos, nunca lo hizo.

La lealtad de Marías, de máxima intensidad en el caso de Ortega, también se extendía a las tres generaciones anteriores. Explica su adhesión con estas palabras: "Nuestra solidaridad con esas tres generaciones anteriores ha sido radical, irremediable, a prueba de reservas y descontentos. Hemos sentido que en ello iba la vida futura de España y la salvación de todo lo que nos parecía valioso, estimable, original insustituible en un milenio de vida española, en medio milenio de creación universal, transespañola."[95]

(Al utilizar como base la teoría generacional lanzada por Ortega y perfeccionada por Marías, he sostenido en otro escrito una tesis de cuatro generaciones colaborativas, claro está, sin que aquellos escritores y pensadores tuviesen conciencia ni intención de pertenecer a ninguna agrupación colectiva.[96]) La primera sería la generación de Unamuno, la famosa de 1898, la de Ortega la

---

[95] *Generaciones y constelaciones*. Madrid: Alianza Universidad (1989), pág. 276.

[96] *A Watch Over Mortality; The Philosophical Story of Julián Marías*, SUNY, 1997, pp. 58-83.

segunda, la tercera de María Zambrano y José Gaos y la de Marías la última.[97] Por lo tanto, Marías, en plan de guardián espiritual de la época plurigeneracional en la que él se formó, se siente responsable de ella. Cae sobre él lo que se puede llamar el "peso de excelencia" de la época de 1898. Al manifestarse las primeras resquebraduras alrededor de 1960, las cuales eran de esperarse de acuerdo con la teoría de las generaciones, Marías redobla sus esfuerzos por salvar lo más valioso del pasado. Pero entiéndase bien, no lo hizo simplemente para archivarlo como si fuera una tradición caduca sino para hacerlo disponible para las generaciones futuras.[98]

Desde la temprana fecha de 1947 Marías se dio cuenta de que toda una dimensión de la realidad humana faltaba tanto en la teoría intrínseca o analítica de Ortega como en el análisis existencialista realizado por Heidegger. Sin embargo, iban a pasar más de veinte años antes de que estuviese preparado para atacar frontalmente el problema. Las ideas estaban formuladas, pero le faltaba el estilo literario adecuado a su expresión.

Pero, ¿es posible esto? ¿Una demora de más de veinte años

---

[97] También refiero al lector al capítulo mío: "Más allá de la modernidad: las generaciones de 1898" en *El espíritu de España*. Madid: Alianza Editorial, 2003. Págs. 145-186 (Traducido por César Armando Gómez Martínez).

[98] Entre los rasgos negativos de la década 1960-70 figuran los siguientes: (1) el prestigio de la textualidad críptica; (2) el resurgimiento del intrascendentalismo arcaico y (3) la marginación de la vida intelectual. Refiero a quien le puedan interesar estos temas a mi libro *Julián Marías: una filosofía desde dentro*. Madrid: Alianza Universidad, 1997. Véase "las generaciones de Marías", págs.91-126.

por una cuestión de estilo? [99] Creo que no se ha tomado demasiado en serio la explicación que ofrece Marías al respecto. Sería más lógico si Marías fuera un escritor principiante sin antecedentes literarios. Pero esto no fue el caso; había escrito libros importantes y tenía fama de ser ya un maestro del idioma y desde 1964 miembro de la Real Academia Española. Pero desde otra perspectiva, *Antropología* no es simplemente un nuevo libro sino otro nivel de la filosofía, y un nuevo nivel de su vida. Dice textualmente: ". . . el libro a que ahora me refiero representó un nivel, no solo en mis ideas, sino en mi biografía misma".[100]

Para Marías el ingrediente literario es indispensable: "Me parece evidente que las dificultades de la filosofía en muchos momentos de su historia, y desde luego en nuestra época, se deben a la inadecuación de los géneros y a la falta de imaginación para descubrir y realizar los exigidos."

Históricamente la filosofía, en principio más sencilla por ser menos hermética y segmentada que algunas ciencias—la física o las matemáticas, por ejemplo—demuestra una marcada propensión a caer—y por ende a decaer—en un lenguaje rebuscado e inaccesible para la mayoría de las personas. Pero tal carácter críptico no se limita a las ciencias, sino que se extiende también a varias ramas literarias—la poesía y la novela, por

---

[99] Evidentemente Heidegger no tenía tales reservas con respecto al estilo. A veces su prosa es punto menos que impenetrable. Por ejemplo, en una sola oración él escribe la palabra <u>Sein</u> (ser) seis veces, con el motivo de demostrar que el ser de las cosas fenomenológicamente presentes constituye el Ser en cuanto tal. Con razón decía Husserl que el caos existe en las profundidades, el orden en la superficie.

[100] *Una vida presente* 2, pág. 344.

ejemplo.

Pero si por un lado el léxico filosófico resulta críptico, por otro ha sido exiguo, sobre todo, respecto de la realidad personal, lo cual explica en parte al menos porque tardó tanto en aparecer la persona como tema formal de la filosofía. Siguiendo el ejemplo ya evidente en Ortega, Marías evita hasta lo posible el uso de lenguaje técnico. Textualmente explica su procedimiento: "Escribí este libro con un mínimo de tecnicismos, en la prosa más vivaz posible; y no solo era parco en notas y referencias, sino que tuve la impresión de que las rechazaba. La melodía de todo escrito tiene exigencias que varían de uno a otro, y en este caso le correspondía una estructura casi narrativa."[101]

La unidad del libro era argumental, lo cual quiere decir que se debe leer como si fuera una obra dramática o novelesca, porque en efecto lo es.[102] Esta estructura exigió el uso de la metáfora mayor que en los demás libros suyos. Llega hasta constituir un sistema metafórico que da acceso por la vía más corta a otro nivel de realidad humana, a saber, la estructura empírica, la que constituye nuestra experiencia personal de la vida. La expresión "vida personal" no es suficiente, dice Marías, porque en principio uno podría ser persona sin ser humano. La estructura de la realidad que llamamos "el hombre"—que naturalmente consiste en hombres y mujeres—se descubre por experiencia de la vida, lo más lejos posible de toda abstracción.

---

[101] *Una vida presente* 2, pág. 346.

[102] Recuerdo que al decirle en una carta que yo había leído *Antropología* con suma atención a cada detalle, tal como solía leer otros libros filosóficos, Marías me reprochó amistosamente al hacerme ver que se debe leerlo en su conjunto y de un solo golpe. De otro modo se diluye su impacto dramático.

No se trata solo de realidades humanas concretas sino también de trayectorias y pretensiones dramáticas de la persona, realizadas o no, a las que corresponde el carácter transitable de su circunstancia mundana. Por problemático que sea nuestro tránsito vital, se nos presenta el mundo en su conjunto como algo inteligible y compatible con la razón humana. Porque lo que hacemos o pretendemos lo hacemos por y para algo. Nuestros actos suceden mediante una constante justificación expresada u oculta. Por otro lado, un mundo ininteligible sería una realidad ineficiente, contradictoria, incontrolable y probablemente perecedera, porque el destino de lo caótico, humano o material, suele ser la autodestrucción.

Con raras excepciones, el léxico adecuado a la pretensión de Marías en *Antropología* lo encuentra en el español corriente: "instalación", "mundano", "vector", "inclinación", "sesgo" y los tiempos del verbo "estar". Solo en determinados casos hace falta crear otros términos. Por ejemplo, al tratar el tema de la sexualidad humana encuentra deficiente la voz "sexo". Prefiere otro término, invención suya, "sexuado", ya que el hombre y la mujer siempre llevan una relación sexuada sin que sea en la gran mayoría de los casos también una relación sexual. Piénsese en los niños, hermanos, celibatos y ancianos.

Desde la publicación de *Antropología metafísica*, pues, Marías contó con los conceptos adecuados para afrontar toda esta dimensión de la realidad humana implícita pero no desarrollada en la teoría analítica de Ortega. Pero importa subrayar que sin la teoría de la realidad radical de Ortega, no habría sido posible la teoría complementaria de Marías. El pensamiento de Ortega es el supuesto de la filosofía de Marías. Pero una vez puesta en juego la teoría, en la última etapa de su vida Marías pudo describir la realidad de la persona con suma precisión—*Razón de la filosofía, Mapa del mundo personal* y *Persona*—sin dejar al mismo tiempo de tratar múltiples temas. Encontramos en muchos escritos de Marías una preocupación por España y lo hispánico, y por extensión lógica, la civilización occidental. Le repugna sobre todo lo que para el son los tres "terrorismos" de nuestra época, a saber, la droga, el terrorismo y el aborto. Según Marías, en el fondo se trata del desprestigio de la persona, que corresponde a la imaginación atrofiada que no permite comprender la realidad de otras personas, y por añadidura la propia.

Son muchas las posibilidades inherentes y vías abiertas en la filosofía de Marías. De paso, menciono solo unas cuantas. Por ejemplo, en su *Introducción a la filosofía* Marías esboza una posible teoría estética arraigada no en principios abstractos sino en la persona, concretamente en la capacidad imaginativa del hombre.[103] Creo que existe la posibilidad de una teoría estética de alto vuelo en esta entrevisión de Marías. (Por cierto, me dijo luego de la publicación de un pequeño artículo mío sobre el tema, que pensaba volver algún día sobre ello. No pudo hacerlo, pero aún está ahí disponible para quien quiera desarrollarla.)

Ya que la vida humana sigue una o varias trayectorias a lo largo de la vida, quiere decir que la vida de cada persona tiene un destino. ¿Cuál? ¿Desaparece la realidad personal definitivamente con la muerte o es perdurable la vida? Y si la vida perdura, ¿cómo será? Marías habla de la posible re-creación de la persona. Creo que esta rama del pensamiento de Marías da

---

[103] Véase *Obras completas*. Madrid; Revista de Occidente, 1959-1964, Vol II, págs 309-313.

mucho en que pensar.

Se han publicado innumerables ensayos, artículos y libros sobre la condición de las mujeres, acaso equivocadamente en muchos casos, ya que no se suele tocar con profundidad la reciprocidad de los sexos. A raíz de los escritos de Marías ya sabemos que no se puede modificar la condición de ninguno de los dos sexos sin que afecte al otro con la misma intensidad. Pero de esta crisis masculina, que yo sepa, no se ha estudiado con el mismo empeño. Es solo una dimensión, aunque entre las más importantes, de las muchas que se destacan en los últimos escritos de don Julián. Su filosofía ilumina muchas cosas recónditas de la realidad de la persona y deja abiertas a indagaciones futuras muchísimas más. Por lo tanto, sigue en pie el imperativo implícito en toda filosofía auténtica: *seguir pensando*.

Obras citadas

Marías, Julián, *Antropología metafísica: La estructura empírica de la vida humana*, Madrid: Revista de Occidente, 1970.

_____. *Generaciones y constelaciones*, Madrid: Alianza Editorial, 1989.

_____. *Nuevos ensayos de filosofía*, Madrid: Revista de Occidente, 1968.

_____. *Ortega. Circunstancia y vocación*, Madrid: Alianza Editorial, 1983.

_____. *Ortega. Las trayectorias*, Madrid: Alianza Alianza Editorial, 1983.

_____. *Una vida presente. Memorias 2*, Madrid: Alianza Editorial (1989)

Ortega y Gasset, José, *Obras completas*, II, Madrid: Revista de Occidente, II, 1959-64.

_____. *Obras completas*, VIII.

_____. *Obras completas*, VII.

Julián Marías: *Meditatio vitae*

Damas y caballeros, es un honor y placer estar de nuevo en el Centro Cultural Gloria Fuertes.[104] A invitación del honorable Director y excelente amigo don Carlos Infante, estuvimos aquí mi mujer y yo en 2008. Ahora estoy de vuelta, solo, y según un verso del romance español modificado para la ocasión, vuelvo "viejo, viejo y florido". Pero hablando de cosas viejas, me doy cuenta de que el dicho igualmente antiguo "Caras vemos, corazones no sabemos" no siempre es cierto. Porque veo aquí caras que revelan con suma claridad corazones nobles y generosos al estilo de nuestro común maestro y amigo don Julián Marías, cuyo segundo siglo ya está en marcha.

Para iniciar mis comentarios sobre don Julián, quisiera volver al título en inglés del segundo libro mío sobre su pensamiento, *A Watch over Mortality*, que traducido literalmente al español sería algo como "Vigilia sobre la mortalidad." Pero por suerte el libro no salió en español con ese título estrafalario. Con razón don Julián me dijo una vez que yo no tenía "don de títulos", y aunque creo que le gustó el libro, sugirió otro título, mucho mejor, que lleva el libro en español: *Julián Marías: una filosofía desde dentro*.[105]

Sin embargo, la palabra *mortality*, mortalidad, tiene, o tenía, en el inglés clásico un significado que no sé si existe también en español. Significaba antaño en mi idioma no solo la muerte humana sino también la vida mortal. Una de mis novelas favoritas se llama *Old Mortality* de Sir Walter Scott. Es este el

---

[104] Madrid, Centro Culteral Gloria Fuertes, junio de 2015.
[105] Alianza Editorial, Madrid, 1997.

significado que llevan estos comentarios míos. Creo que en este sentido combinan muy bien con el discurso del Profesor Alvaro Botella Serrano pronunciado el 29 de mayo. Hablar de la vida humana, la *meditatio vitae,* es hablar también de la *meditatio mortis* humana. (De paso, resulta curioso y acaso significativo que no hablamos de la muerte en la naturaleza con tales términos. Los animales y las plantas mueren; solo al hombre se le atribuye la mortalidad.)

Son temas que le ocuparon a Marías a lo largo de su carrera filosófica; primero, por ser implícitos en el orteguianismo, pero insistió cada vez más en ellos en las últimas décadas de su vida. Con la publicación de *Antropología metafísica* en 1970, obra de gran originalidad y alto vuelo teórico, Marías no solo dio algunos pasos más allá—y otros esclarecedoras más acá—de Ortega, sino que también solo a partir de aquella fecha contó con los conceptos adecuados para afrontar toda una dimensión de la realidad humana que faltaba en la teoría analítica de Ortega. Marías la denomina "la estructura empírica de la vida humana" No es que abandonara el pensamiento orteguiano. Todo lo contrario; la estructura empírica supone la analítica previa de Ortega y sería incomprensible sin ella. Es precisamente en el pensamiento de Marías que el de Ortega cumple con su promesa y alcanza su plenitud. Se trata, pues, de una fidelidad a Ortega una y otra vez afirmada y nunca desmentida, pero no por eso de la usual. En las palabras de Marías, ". . . no es fidelidad al pasado, es fidelidad al futuro. Quiero decir: es fidelidad a los proyectos y empresas. Es fidelidad a la meta".

A continuación presento algunos—no todos ni mucho menos—de los conceptos forjados en *Antropología metafísica* y puestos a la prueba y práctica en numerosos libros y escritos posteriores. En el primer registro los destaco con apuntes descriptivos; luego vuelvo sobre los temas enunciados para comentar de manera algo más detallada su significado.

(A) A las trayectorias o pretensiones vitales—siempre plurales—de la persona, hombre o mujer, corresponde el carácter transitable de su circunstancia mundana. Debido a tal convergencia general con nuestras pretensiones, las que surgen desde varios estratos de nuestra vida, por problemático que sea nuestro tránsito vital, se nos presenta el mundo en su conjunto como algo *inteligible* y compatible con la razón humana, aunque no sin sus problemas y enigmas, en los cuales, si no me equivoco, tienen su origen varias teorías del conocimiento.

(B) Por lo tanto, la persona está "instalada" en el mundo de múltiples maneras y a varios niveles; no es, pues, una instalación fija sino dinámica, providente o incluso hostil cuya obstaculización e ímpetu vectorial se manifiestan en diversos grados de logro, rectificación, frustración o incluso desvanecimiento de las pretensiones personales. De estas las hay superficiales, pasajeras y pronto olvidadas; en cambio otras—un amor o una vocación, por ejemplo—surgen de estratos más profundos cuyo abandono significaría un grave equívoco, acaso una traición, sobre todo de uno mismo.

(C) La persona es una realidad emergente y futuriza y por tanto histórica y en cierto modo irreal por inconclusa en todo momento de su trayectoria vital. Vivir es una faena futuriza cuya comprensión o análisis no corresponde a una descripción abstracta o impersonal apta para la vida biológica o cosas inertes sino que pide una razón narrativa o biográfica, única capaz de abarcar la realidad personal en sus conexiones. La persona nace, luego se hace; se entiende, se va haciendo. Por eso, aun la vida de apariencia más modesta e insípida tendrá a fuer de pretensiones inevidentes su oculta tensión argumental y dramática, lo cual significa que para poder entenderla, como diría Ortega, hay que contar un cuento. No en balde algunas de las obras de ficción más celebradas de los siglos modernos giran alrededor de personas aparentemente de poca monta social o intelectual, por ejemplo, Madame Bovary, el *Étranger* de Camus, varios protagonistas de Cela o menos aun, algunos sin nombre de Robbe-Grillet. En este sentido el arte—pintura, poesía, novela, teatro—funciona en cierto modo como sucedáneo o complemento de la vida al constituir una dilatación ideal de sus posibilidades vedadas o limitadas por las circunstancias reales.

(D) No se trata de personas existencialmente aisladas porque en realidad no hay tal. Nace la persona en un estado de absoluta dependencia y si vive y sobrevive es gracias a la convivencia indispensable con otras personas, en primer lugar padres, abuelos, amigos, vecinos, acaso hermanos, lo cual significa que la vida personal se da necesariamente en un ambiente social. En todo robinsonismo brilla la sociedad en el hueco de su ausencia. El tema de la soledad radical e incomunicable de la persona—de toda persona—tal como la describen algunos de los escritores existencialistas del siglo XX—pongamos como ejemplo *El túnel* de Ernesto Sábato o *Les Jeux son faits* de Jean-Paul Sartre, es una vida a todas luces imaginaria, imposibilitada por la misma circunstancia social de uno. Se olvida con demasiada frecuencia que los protagonistas solitarios de los novelistas de generaciones anteriores o en filosofía el hombre bruscamente "arrojado al mundo" en lenguaje de Heidegger fueron primero niños probablemente mimados y protegidos por sus padres y familiares antes de asumir su trágica y exagerada condición solitaria ulterior. Se dan cuenta de su soledad anormal y la lamentan de una u otra forma precisamente porque fueron formados en un ambiente social y familiar; luego, ya adultos, lo recuerdan y lo añoran.

(E) La condición viniente o emergente de la persona, su carácter a la vez histórico y futurizo, consiste en proyectarse hacia un futuro en principio ilimitado, pero tarde o temprana destinado a la muerte biológica. Queda intacta pero apremiante la cuestión de si las ultimidades de la vida suponen—a modo de una novela—un final definitivamente cerrado o acaso abierto a una continuación personal más allá de la frontera mortal. La muerte es el horizonte que divide el mundo real de otro posible. Es cuestión de fe o de falta de la misma, pero la fe—plena o perdida—no embarga la intervención intelectual en el asunto, como veremos al volver luego sobre el tema. Vamos ahora por partes y en orden de la presentación anterior de los temas.

(A) En tiempos modernos, o posmodernos, desdeñando u olvidando el orden y las leyes detectables en el Cosmos desde las estructuras galácticas hasta las partículas subatómicas, múltiples pensadores han venido haciendo alarde del supuesto carácter irracional y relativo, incluso caótico e incognoscible, del mundo, sobre todo en el plano humano. La conclusión a que se suele llegar vía tal raciocinio es que la persona es poca cosa entre otras de poca monta. Supuestamente hundida en la intranscendencia de su condición y limitada por lenguas imprecisas y defectuosas, la persona queda remota de toda verdad absoluta. Esta visión de la humanidad se ha venido repitiendo cíclicamente a lo largo de la historia. Así el relativismo de los sofistas de la Grecia Clásica, así los existencialistas y deconstruccionistas del siglo XX. Costaría trabajo justificar la existencia tan larga de una tesis de raíces tan poco profundas si no fuera por otra cuestión igualmente antigua. Se trata de la teoría del conocimiento. ¿Cómo se puede saber si lo que creemos saber es cierto o tal vez solo un sueño como el de Segismundo o los engaños de un Ser Maligno tal como lo postula Descartes? En otras palabras, ¿existe o no una convergencia o *adaequatio* entre lo que veo y pienso y lo que es y lo que hay? Más que una curiosidad ociosa es un dilema de graves consecuencias que Ortega expresa así: ". . . mi pensamiento ha de coincidir con la cosa, pero esto es imposible si la cosa ya por si no coincide con la estructura de mi pensamiento." Por lo pronto la simple rectitud intelectual nos obliga a admitir desde un principio la posible incognoscibilidad de las cosas. Es esta la fuente de las múltiples formas de escepticismo que siguen brotando al través de los siglos.

Pese a las dudas, sin embargo, parece probable que efectivamente exista tal convergencia entre nuestro pensamiento y las cosas precisamente por la propensión humana al error. Tarde o temprano y debido a la misma realidad correctiva nos damos cuenta si hemos errado. Es triste, es enojoso y motivo de incontables evasiones y mentiras, pero resulta a la larga tal vez beneficioso en otro plano porque quiere decir que sabemos de antemano y de manera imperfecta lo que es correcto, real y verdadero. Es como si tuviéramos un "tropismo" hacia lo real, el cual por debilitado que sea permite reconocer a la larga lo que no lo es. Sin esta capacidad de acusar lo que es falso difícilmente podríamos cerciorarnos de lo contrario. Se puede decir que el camino hacia la verdad está empedrado de errores. Son muchas las teorías científicas de siglos pasados, muchas las tesis filosóficas, que han resultado equivocadas. Pero de acuerdo con Marías en la mayoría de las teorías erradas, las que fueron concebidas de buena fe, habrá un vestigio de verdad que vale retener al incorporarlo en teorías superiores. O desde otra perspectiva, el error también puede servir a modo de *vacuna* contra la repetición del mismo equívoco. Podríamos decir que errando se ha venido progresando la humanidad.

En este mismo contexto encontramos el tema del arrepentimiento. Se habla mucho, dice Marías, de la versión religiosa, la *metanoia* bíblica y cristiana, pero también existe un arrepentimiento lato y mundano que afecta a otras zonas de la vida. Pero en todas sus formas hace falta que uno se dé cuenta del error tal como lo hemos visto, sin el cual sería impensable todo tipo de rectificación, tanto religiosa como secular. En el fondo se trata de algo más esperanzador. Comenta Marías con plena fe personal, pero sin insistencia dogmática que "si el mundo ha sido creado por Dios, es inteligible que sea inteligible".

No es esta una tesis sin fundamento ya que supone cierto conocimiento de lo que es un mundo ordenado y compatible con la mente de la persona. De ser lo contrario ¿cómo sabría uno distinguir entre lo racional y lo irracional, el orden y el caos? A falta de certeza, en principio nadie se indignaría si todo fuera universalmente caótico. En un mundo realmente caótico la teoría de los filósofos del caos caería de su propio peso porque en tal caso el caos sería naturalmente incuestionable. Así mismo, la racionalidad sería una anormalidad, motivo tal vez de las protestas y manifestaciones que hasta la fecha se dirigen casi a diario a uno u otro abuso, al menos en la opinión de los manifestantes.

La idea de un mundo caótico y oculto e indiferente a nuestra percepción tiene otro argumento en su contra: carece de elegancia, componente de toda teoría científica hasta ahora comprobada o al menos establecida sobre experimentos fidedignos y datos sólidos. Por otro lado, un mundo ininteligible sería una realidad ineficiente, contradictoria, falta de belleza, incontrolable y por lo tanto perecedera, porque el destino de lo caótico, humano o material, suele ser la autodestrucción.

Pero resulta que aun en el mejor de los casos no es exacta la compatibilidad entre nuestra mente y las cosas. De ahí la posibilidad insoslayable de interpretar mal las cosas, de abusarlas, de utilizarlas indebidamente. En algunas épocas, sobre todo en la nuestra, se sabe muchísimas cosas y la acumulación de datos y estadísticas es cada vez más abrumadora, pero hay que preguntar con Marías: de esta plétora de cosas que supuestamente se sabe ¿cuántas son falsas, especialmente las que afectan a las personas? ¿Y quién las sabe? ¿Y cómo? Además, sin ser del todo falsas, ¿cuántas nos inducen a sacar conclusiones impropias y descabelladas?

(B) Con el motivo de aclarar la realidad personal, en *Antropología metafísica* Marías crea todo un léxico nuevo. No se trata de pedantería ostentosa ni del lenguaje altamente especializado e inelegante que afea tantas profesiones, incluso la filosofía. Puede que en algunos casos sustituyan la originalidad y el verdadero conocimiento como los médicos de Molière. Al igual que Ortega, Marías perfiere adaptar términos de la lengua corriente accesibles a los lectores sin ser especialistas en la materia.

Para Marías tampoco es cuestión de revestir viejos tópicos de palabras nuevas ni de verter vino nuevo en odres viejos. Según él, Ortega fue otro descubridor del linaje de los grandes de la historia, aunque de otro orden. Descubrió el continente nuevo de la vida humana. Ya vislumbrada en Dilthey, Brentano y otros pensadores perspicaces del siglo XIX, le tocó a Ortega dar con la nueva tierra en toda su deslumbrante extensión. En *¿Qué es filosofía?* Ortega da razón de la nueva realidad—que además es la primaria—al describir la vida humana como "la realidad radical" dentro de la cual se descubren arraigadas todas las demás. Ahora bien, tras un descubrimiento de tal magnitud hacía falta fijar las coordinadas del nuevo territorio a fin de empezar su exploración y asimilación de su realidad. Al igual que los viejos exploradores de siglos pasados al pisar por primera vez un nuevo mundo, Ortega se dio cuenta de que los viejos términos descriptivos eran inadecuados. Urgía crear un nuevo léxico, incluso nuevos géneros, para poder descubrir características nunca antes tratadas. Esta tarea la asumió primero Ortega al crear un lenguaje metafórico complementado luego por el léxico más empírico y utilizable de Marías, pero no por eso menos elegante y preciso.

El concepto de "instalación", acuñada por Marías al sacarla de la lengua corriente, permite revelar desde luego la combinación de opacidad y transparencia de la trayectoria vital. Hasta cierto punto la vida es en sí inteligible al ser narrada o a simple vista del rostro, ojos y gestos de la persona. Pero a diferencia del animal y más aun de la materia física, la vida personal consiste en una extraña dualidad: un "dentro" y un "fuera", una persona interior y una persona exterior. Por lo tanto, de acuerdo con Marías, "Queda siempre la incertidumbre respecto al individuo como tal, a lo que de verdad es y se propone, a lo que lleva dentro" En este contexto la misma etimología de "persona" es reveladora. "Persona", *prosopon*, es la máscara de los actores clásicos por la cual "suena" (sona o persona) la voz del actor así "oculto". Se oye lo que dice una persona, pero sin saber necesariamente lo que realmente quiere decir. La cara, o sea la máscara, revela pero también puede ocultar.

La imagen de drama, teatro y actor combina muy bien con la idea de trayectoria e instalación. Porque la vida tiene argumento. Lo que hacemos, lo hacemos por y para algo. Esto quiere decir que nuestros actos suceden mediante una constante justificación expresada u oculta. La vida consiste por lo tanto en dar razón— al menos a nosotros mismos—de lo que hacemos y sin ser necesariamente racionales ni inteligentes, nuestros actos son inteligibles. Las acciones humanas pueden muy bien parecer ilógicas vistas aisladas y fuera de su contexto, pero dentro de una narrativa descubrimos su justificación. Ahora bien, "Desde el sistema de las instalaciones, el hombre se proyecta vectorialmente en diversas direcciones y con intensidades variables, de tal manera que el conjunto de la circunstancia y las posibilidades que ofrece en cada momento han de estar presentes para que sea posible la elección justificada que permite la acción. Nada de esto parece existir en la vida meramente biológica, ni siquiera en los animales superiores".

La dualidad intrínseca de la persona hace posible la mentira y la propensión a ella a muy distintos niveles. El niño miente muchas veces para evitar un castigo por los padres, pero a otro orden de magnitud hay épocas enteras que se caracterizan por su veracidad, otras por su mendacidad. La nuestra—ya larga—ha sido y sigue siendo una de las más contaminadas de mentiras. El nacionalsocialismo alemán subyugó a la Alemania entera con una propaganda sistemática de mentiras y durante la hegemonía del comunismo marxista hubo—y aún hay—"democracias" que no lo fueron nunca, elecciones sin elección y derechos fantasmas. No se trata solo de las tiranías; en las democracias occidentales no solo es cada vez más frecuente la mentira política, sino que también los votantes se vuelven indiferentes a ella y lo que es más grave, a las consecuencias funestas. Y en otro plano menos ofensivo tal vez, estamos a tal punto acostumbrados al fenómeno moderno de la propaganda comercial, la cual consiste casi exclusivamente en exageraciones—mentiras si se quiere—que ya no se nos ocurre protestar. Sobre esta propensión humana a la mentira a gran escala en nuestro tiempo escribe Marías: "Lo que este fenómeno revela es el desprecio de uno mismo" y agrega a continuación, "Esto implica una radical inautenticidad".

La propensión humana al error y a la mentira—al pecado desde la perspectiva religiosa—quiere decir que la incertidumbre con respecto a la realidad acompaña al hombre como la sombra al cuerpo. De ahí la necesidad humana de poder distinguir entre lo real y lo falso, de saber a qué atenerse, hace que la filosofía sea, en palabras de Ortega, ". . . una cosa inevitable."

Pero no se trata de alcanzar la verdad de una vez para siempre. Hay que volver a descubrirla, aun la ortodoxa, una y otra vez, a reafirmarla, a explorar nuevas dimensiones de ella, acaso a inventarla de nuevo, como diría el poeta Antonio Machado. La verdad no cambia, no es relativa al hombre, como quieren muchos pensadores actuales, sino que el hombre cambia y es por ende relativo a ella. En esto consiste el verdadero relativismo. Por ser una realidad dinámica la vida humana siempre es susceptible a la rectificación, al arrepentimiento, o al error. Ser persona es poder ser más, dice Marías, pero también puede ser menos. Descubre la verdad, pero también la puede perder de vista. La persona se hace porque no es originariamente sustancia, es decir, no solo sustancia sino un haz de destinos posibles. Ser persona es ser también en cierta medida incoativa e irreal. Por eso es responsable tanto de su sustantividad como de la posible insustancialidad. La libertad inherente de la vida nos abre trayectorias a la vez prometedoras o peligrosas, dos caras de la moneda del destino humano. Todo lo humano se hace por las razones que sean, pero repito que éstas, aunque inteligibles, no son necesariamente inteligentes.

(C) La vida es anticipación. ¿De qué? En última instancia, de sí misma, cuya plena realización es lo que llamamos felicidad. La mayor felicidad sería el destino plenamente realizado. En esta vida, sin embargo, la felicidad es a la vez imposible y necesaria— "imposible necesario", en palabras de Marías—y es así porque la vida no está nunca plenamente realizada en este mundo. Por lo tanto, la realidad personal es extrañísima que solo se indica con términos descriptivos de sentido dinámico: viniente y futuriza. El carácter viniente y futurizo es el reverso de la instalación. Dice Marías al respecto: "No tienen sentido el uno sin el otro; se son recíprocamente. Solo desde una instalación pueden lanzarse las flechas proyectivas de la vida humana; solo apoyándose a tergo en ella puede el arco tener la tensión necesaria, puede tenderse. A la inversa, solo para esa proyección estamos activa y no estáticamente instalados. La instalación . . . tiene también carácter dramático"

La vida humana es real en su historia y futuriza en sus pretensiones. Estamos orientados hacia el futuro con anticipación últimamente felicitaria. Si no somos felices hoy lo seremos acaso mañana. La infelicidad es la cuota de irrealización personal. Pero cabe interpretar esto desde otra perspectiva. La voz "futuro" es una combinación curiosa de la raíz latina fu- que significa el pretérito, lo que fue, y otra –uro derivada de -ero, o erit—que se refiere al futuro. Literalmente "futuro" significa "lo que será pasado". Así como el dios Jano, la palabra tiene doble cara, una que mira el pasado y otra que contempla el futuro. Ahora bien, ¿no será el futuro quien ordena los episodios del pasado y los justifica, como la tracción del tren pone en movimiento y da dirección a los coches? En el sentido humano el futuro no es simplemente una dimensión latente distante sino que ya está aconteciendo en todo momento, tal vez solo en el momento presente.

Todo esto quiere decir que si la felicidad es el incentivo que nos motiva a seguir viviendo, la inseguridad as la condición misma de la vida. Por definición, la vida en cuanto vida terrenal, nunca está hecha, sino que se está haciendo en todo momento de su trayectoria. Esto quiere decir que no hay más remedio que depender de las circunstancias, las cuales son problemáticas, variables, acaso amenazantes. La persona se realiza entre posibilidades y dificultades. Pretendemos afirmarnos entre múltiples estorbos, tentaciones y errores. Además, ser persona no quiere decir que todo lo humano sea personal. Las proporciones de lo impersonal, hasta de lo inhumano, pueden variar enormemente. Y decir impersonal e inhumano quiere decir inautenticidad personal.

Lo que acabo de escribir también vale de otra manera para las sociedades. Marías se sorprende que se haya solido resbalar sobre tan espinosa cuestión. Normalmente una sociedad ofrece ciertas formas de seguridad necesarias para la convivencia y la proyección de la vida personal. Pero en algunos casos por factores internos—criminalidad incontrolable, colapso económico, terrorismo, epidemias apocalípticas, catástrofes naturales—o externos—invasiones, guerras, genocidio—la estructura sociedad o desvanece del todo o resulta tan destrozada que una vez perdida la certeza de poder vivir, solo queda la esperanza de sobrevivir.

(D) Se habla o escribe interminablemente del aislamiento de la persona, normalmente en clases universitarias, congresos o a lectores. En todo caso supone un público de una u otra índole. Será por inercia que el tópico sigue vigente en nuestros días. Goza de una larga tradición literaria. Remonta por lo menos a los viejos Románticos con nuevas promociones de popularidad durante las épocas realista y naturalista y alcanza su apogeo en manos de los existencialistas. Desde luego, no se trata ya del hombre solitario del monte o campo—condición que casi nadie cuestiona y hasta encuentra admirable en muchos casos—sino del hombre de las grandes urbes aislado entre multitudes, es decir, aislado con otras soledades, las cuales, impermeables, rozan contra otras de la misma condición.

Vista desde el reverso de la moneda, la soledad suele ser la ausencia de amigos, tema a que dedica Marías no pocas páginas. En nuestra época la palabra "amistad" ha sufrido de una notable inflación. Hoy todo "conocido" se convierte en "amigo". Son "amistades" intercambiables, fácilmente sustituidas, cuya desaparición por las razones que sean apenas se nota y en nada o muy poco afecta al ritmo de la vida de uno. Pero amigos de verdad son pocos en el sentido tradicional de la palabra. La verdadera amistad es otra cosa. Marías la describe así: "La amistad estrictamente personal significa el encuentro de dos personas como tales, en su condición única, no intercambiable, proyectiva, capaz de imaginación y apertura. Esta amistad es intrínsicamente duradera; se dirá que puede terminar pronto, por cualquier azar, y entre ellos nada menos que la muerte de uno de los partícipes; pero, por el carácter futurizo que pertenece a la amistad, esta tiene vocación de permanencia, y su interrupción es una violencia accidental."

(E) Con pocas excepciones, las dimensiones de la vida proyectiva y futuriza convergen y culminan en la condición amorosa. Decía Ortega en *Meditaciones del Quijote* que la filosofía es "la ciencia general del amor". Según Marías el hombre es una "criatura amorosa", lo cual será para el creyente una referencia al amor efusivo del Creador, pero aun si se rechaza este concepto, sigue intacto a otro nivel como un componente intrínseco de la condición humana. De todos modos, el amor es archiperesonal. "Se es más persona en la medida en que se ama más profunda y personalmente".

La persona es intrínsecamente menesterosa. Para poder proyectarse necesita muchas cosas, y no solo las que faltan sino también las que uno tiene, acaso las que es imposible encontrar en las circunstancias. Algunas necesidades son biológicas pero las más profundas son biográficas, y sobre todas las demás el amor, concretamente la persona amada. *Amor meus, pondus meum, eo feror quocumque feror*, decía San Agustín (Mi amor es mi peso; por el soy llevado adondequiera que soy llevado).

Pero si el amor es, o puede ser, la plena realización de la persona—hombre y mujer—en este mundo, el carácter proyectivo de la vida remite a la muerte y el posible final definitivo de la persona, de su trayectoria, de su amor. "Para todo hay remedio, menos la muerte," reza el viejo refrán en varios idiomas. ¿Es cierto? ¿Termina todo lo humano a la hora de la muerte? La muerte es un tema apasionado en Unamuno y Marías, pero los dos pensadores lo tratan desde perspectivas muy distintas. (Ortega apenas lo toca.) En Unamuno—*San Manuel Bueno, mártir*, por ejemplo—hay un temor de que más allá de la muerte no haya nada, es decir, nada personal. Se protesta pero tal vez en vano. Unamuno detesta a los pensadores nihilistas, porque en el fondo parece creer que es posible que tengan razón.

Por su parte, Marías presenta ideas más complejas y esperanzadoras. He aquí el núcleo de su concepto de la muerte: "La persona humana aparece como criatura, de realidad recibida pero nueva y irreductible, menesterosa e indigente, consignada a una estructura empírica cerrada y vocada a la muerte, pero consistente en espera incesante: un proyecto perdurable que lucha con la muerte. 'Lo que' yo soy es mortal, pero 'quien' yo soy consiste en pretender ser inmortal y no puede imaginarse como no siéndolo, porque mi vida es la realidad radical".

En resumen, si la vida es la realidad radical, la máxima creación, es inteligible su perduración e ilógica su desaparición definitiva. Pero hay que tomar en cuenta no solo la vida perdurable sino también la terrenal. O dicho con otras palabras, si la vida es perdurable quiere decir que es única y la vamos viviendo ya. A su modo vale tanto como la venidera, o sea, su continuación. "La vida mortal—los días contados—tensa entre el nacimiento y la muerte, es el tiempo en que inventa y decide quién quiere ser (y no acaba de ser). Podemos imaginar esta vida como la elección de la otra, la otra como la realización de esta. Siempre me ha conmovido, más que ningún otro, el terrible verso del *Dies irae* que canta: *quidquid latet apparebit*, 'todo lo que está oculto aparecerá'. Todo lo realmente querido, será. A eso nos condenamos: a ser de verdad y para siempre lo que hemos querido".

Finalmente, para Marías, las distintas perspectivas de la vida son de suma importancia aquí y ahora en este mundo. El desprestigio de la vida humana en épocas recientes y el reduccionismo omnímodo y pseudocientífico de la realidad personal están a la raíz de lo que Marías calificó de los tres "terrorismos" de nuestro tiempo, a saber: el aborto, el terrorismo organizado y el consumo de drogas. Se trata del desprecio generalizado de la persona, de la mengua de imaginación de otras vidas y, tal vez lo más grave, de una cobardía omnímoda.

Julián Marías: Trayectorias de su filosofía después de Ortega[106]

1. Introducción

Para ambos pensadores la vida, mi vida, "la de cada cual" en palabras de Ortega, es la "realidad radical" desde y dentro de la cual encontramos arraigadas todas las otras realidades. En este sentido es formalmente lo contrario de las realidades absolutamente trascendentales, es decir, las que están más allá de mí o las que es imposible aprehender desde mi vida (excepto en cuanto imposibilidades). Más bien mi vida es la realidad en la que estoy y conmigo todas las realidades conocidas y cognoscibles. No quiere decir esto, pues, que sea la única ni necesariamente la más importante, sino que es la realidad que me da acceso a cuantas realidades hay en ella, incluso las otras personas, las cosas cercanas y remotas y yo mismo. Para decirlo de otra manera, mi vida abarca en cierto modo el universo.

Encuentro en mi vida también el extraño y azorante fenómeno de la muerte. Por lo tanto, la meditación de la vida también supone una *meditatio mortis*, una meditación de la muerte, con sus consecuencias, interrogantes, sentido o, acaso, falta de este. Pero importa recalcar que *es una meditación realizada desde mi vida*. Ortega casi siempre se limita a meditar formalmente sobre la vida, soslayando la cuestión de las *ultimidades* del hombre y el

---

[106] Conferencia pronunciada en la Universidad Catolica de Valencia San Vicente Mártir (España) (2014) e incluida en *SCIO: Revista de Filosofía*, núm. 12 (2016), 145-158.

destino ulterior de la persona. En el caso de Marías, sin embargo, al descubrir la estructura empírica de la vida no tiene más remedio que habérselas con la mortalidad, primero la de otros y de ahí la suya.

Por el carácter abierto de la estructura analítica de "mi vida" nos animamos a pensar en la vida perdurable, porque no hay razón aparente para que termine. Pero, dada la estructura empírica y somática de la persona, es inevitable su desaparición—*mors certa, hora incerta*—. En esta dimensión paradójica y a falta de absolutos, Marías se mueve ofreciendo observaciones coherentes, plausibles, y sobre todo lúcidas.

2. La afinidad entre Ortega y Marías

Por ser tan estrecha la afinidad fundamental de los dos pensadores, siempre decía don Julián Marías que con respecto a Ortega su relación era filial, "inexplicable sin él, irreductible a él" (*Ortega*, 1963: 23). Esta filiación se ha comentado hasta la saciedad, a veces en son desdeñoso en el caso del joven Marías; luego, en su madurez filosófica, como una muestra de lealtad admirable nunca desmentida. Pero esto no significa repetir lo que Ortega había dicho. Lo que dice Ortega, nadie lo podría decir mejor. Es más bien una fidelidad *futuriza*, término que el mismo Marías utiliza mucho. En otro contexto añade: ". . . no es fidelidad al pasado, es fidelidad al futuro. Quiero decir: es fidelidad a los proyectos y empresas. Es fidelidad a la meta" (*Marías*, 1989: 19), Desde luego, la meta, después de fallecido Ortega, le corresponde, más que a nadie, a Marías.

Marías comparte la opinión de quienes creen que solo se logra comprender una filosofía—o una persona—en vista del final, el cual reobra sobre la trayectoria desde un principio, sustantivándola o desmintiéndola. Hubo un momento—históricamente breve como lo son muchos apogeos intelectuales—en que parecía posible y hasta probable el triunfo y plenitud de esta filosofía de la vida. Pero el destino dispuso las cosas de otra manera. La Guerra Civil y el triunfo del franquismo trajeron como consecuencias la desaparición del liderazgo intelectual de Ortega. Se elimina la enseñanza de su filosofía en las universidades españolas. Al principio le suplantó el tomismo o neotomismo. Se pretendía volver a una filosofía de inspiración netamente cristiana, pero parece que a la larga también se deslizaron filosofías hostiles o indiferentes al cristianismo, por ejemplo, el marxismo y el análisis lingüístico.

De todas maneras, son pocos los casos en la historia de la filosofía de una compatibilidad tan estrecha como la que existe entre Ortega y Marías, los dos de alta capacidad creadora y ambos maestros de la lengua y el estilo. Desde luego, es más frecuente tal continuidad al tratarse de pensadores con una marcada diferencia de dotes intelectuales (entre Descartes y Malebranche, por ejemplo). Históricamente son notorios los casos de discrepancias y rupturas. Allá en el apogeo de la filosofía clásica, por dificultades que tuvo con la doctrina de Platón, Aristóteles rompió con su maestro y se echó por otro sendero. Y al igual que otros discípulos de Husserl, el mismo Ortega abandonó la fenomenología husserliana y, al volver a España, no tardó en salir con su propia doctrina de la razón vital. Decía Ortega que "la fenomenología no fue para nosotros una filosofía: fue una buena suerte" (*Ortega*, 1962: 42). Y "buena" porque tanto Ortega, como otros condiscípulos de Marburgo, conservaron el método de Husserl de acercarse a las cosas aunque no quisieron aceptar las conclusiones específicamente husserlianas—la suspensión, o *epokhé*, por ejemplo—que para ellos hubiera sido una recaída en el cartesianismo ya arcaico.

Con lo dicho, sin embargo, no se ha dicho todo con respecto a la relación entre Ortega y Marías. Llevada a sus últimas consecuencias y aplicaciones, la razón vital en manos de Marías es distinta en algunos aspectos de la que encontramos en los primeros escritos de Ortega. De no conocer la trayectoria dialéctica que va desde *Meditaciones del Quijote* (1914) hasta *Persona* (1996), el último apretón que dio Marías a una larga serie de indagaciones de la persona, nos costaría trabajo darnos cuenta de que los dos libros pertenecen a la misma trayectoria doctrinal. Ortega habla mucho del hombre en el sentido tradicional, es decir, desde un enfoque abstracto, colectivo o histórico, mucho menos de la persona en su realidad empírica tal como queda elaborada en Marías.[107]

Ortega murió a los setenta y dos años en 1955, pero debido a achaques de salud, el exilio, opresiones políticas y personales e inconvenientes largos de enumerar aquí, su producción intelectual en los últimos veinte años de su vida, aunque prolífica, quedó seriamente afectada y, en cierto modo, truncada. Eran muchos los proyectos y poco el tiempo disponible. Varias obras fundamentales no se publicaron en vida de Ortega y, como escritos póstumos, su impacto fue menor.[108] A diferencia de

---

[107] Notable y bella excepción es su breve ensayo "Geometría sentimental", en el que está implícita la estructura empírica de la vida personal de "Soledad" en un contexto amoroso.

[108] Me refiero con especial insistencia a *¿Qué es filosofía?* Son once lecciones que Ortega pronunció *ex muros* ante un público filosóficamente heterdoxo en 1929. Solo se publicaron en 1957. Creo que de haber sido publicadas en vida

Marías, que escribía con una disciplina férrea, sean las que fueran las circunstancias, Ortega siempre prefirió escribir desde la euforia intelectual. De ahí las frecuentes interrupciones, en algunos casos permanentes. Por lo tanto, con referencia a su ensayo sobre Leibniz (*La idea de principio en Leibniz*), dice en una carta Marías en 1947:

"Yo no he tenido tiempo —la cosa es literalmente verdad— ni siquiera de leer eso que Ud. ha leído. Es usted, pues, en *absoluto*, su primer lector. He ido produciendo sin mirar hacia atrás, únicamente con la sensación *a tergo* de lo que había sido en cada caso previamente enunciado en lo ya escrito" (*Marías*, 1983b: 31).

Para Marías se trataba de "salvar" a Ortega, es decir, asegurar la supervivencia dentro de lo posible de las aportaciones clave de su maestro y amigo. Y si no me equivoco, tal "salvación" supone tres planos o vertientes. Me explicaré. Dice textualmente:

"Para mí, la razón principal de estar escribiendo este libro es que Ortega contaba con él, y acaso eso le dio cierta tranquilidad respecto a los azares de la vida y de la historia. Pienso que probablemente su generosidad le hizo confiar demasiado, y ese temor a la vez me frena y me incita. Si no lo escribiera, me parecería defraudarlo, negarle lo que le era debido; si lo escribiera con petulancia, olvidaría lo que siempre enseñó, que con nada puede contar sin más, que la inteligencia y el acierto son aventuras problemáticas; que cuanto hace el hombre es utópico, y es bastante haberlo intentarlo, siempre que se ponga el alma en ello" (*Marías*, 1983b: 32).

Pero más allá de tal obligación moral, la doctrina de Ortega

---

de Ortega hubieron silenciado a aquellos criticos que decían que el pensamiento de Ortega carecía de sistema.

iba a ser la raíz de su propia filosofía.

3. De Ortega a Marías, y viceversa

¿Cuáles son los descubrimientos de Ortega que para Marías urge no perder y que va a incorporar en su propia doctrina? He aquí algunos: teoría filosófica como "ciencia general del amor", el sistema circunstancial y perspectivista, la vida como realidad radical en la que están arraigadas las otras realidades, verdad como *alétheia*, el estilo y el género como componentes de la filosofía, la razón vital, narrativa o histórica, según el ángulo desde que se la mire y las realidades que son también parcialmente irreales por irrealizadas, es decir, realidades vinientes o *futurizas*, siendo el máximo ejemplo, la persona humana. La realidad personal que se presenta como anticipación de sí misma repercute en múltiples dimensiones en *Antropología metafísica* y otras obras posteriores de temática personal. Todas estas determinaciones ponen a Marías sobre la pista de lo que implican, sobre todo, las dimensiones irreales de la persona.
En 1947 vio que entre la teoría analítica de Ortega—y en un plano paralelo, la de Heidegger—y el hombre o mujer de carne y hueso, existía una zona de atribuciones o estructuras personales, la que iba a llamar "teoría empírica", la que permite aprehender lo que es vida humana en toda su concreción. Cito sus propias palabras:

¿Puede pasarse directamente de la estructura analítica a la realidad singular, circunstancial y concreta? ¿No falta un eslabón entre ambas? Y esto querría decir a la vez una zona o estrato de realidad y un nivel de teoría. Marías dice textualmente: "Mi sospecha de que esto es así data de mis primeros enfrentamientos serios con la realidad de la vida humana. Ya en la *Introducción a la Filosofía* (1947) tropecé, sin plena claridad, con el problema; en mi estudio sobre *El método histórico de las generaciones* (1949), al encontrarme con una magnitud numérica—los quince años aproximados del período generacional—dentro de una teoría, descubrí expresamente la dificultad; poco tiempo después formulé claramente el tema en mis ensayos "La vida humana y su estructura empírica" y "La psiquiatría vista desde la filosofía" (*Marías*, 1970: 87-88).

Pero conviene no pasar por alto un aspecto casi siempre desapercibido al decir que la filosofía de Marías sería inexplicable sin Ortega. Es cierto, pero no significa que sea un camino de un solo tránsito entre viejos y jóvenes. Se suele olvidar la influencia de los jóvenes en los mayores, fenómeno cada vez más evidente en nuestra época. Es posible intuir la influencia de Marías en el pensamiento de Ortega en las ideas sociológicas posteriores de este—*El hombre y la gente* (1957), por ejemplo—. De todos modos, las dos dimensiones de esta reciprocidad convergen en el imperativo que iba a condicionar una de las trayectorias ulteriores de Marías: "completar a Ortega consigo mismo y darles sus propias posibilidades" (*Marías*, 1983b. 19).

Tampoco se limita esta "salvación" a Ortega. Dice Helio Carpintero:

"Julián Marías es uno de los españoles que más firmemente decidieron no renunciar a los hallazgos de una España que los hombres del 98 comenzaron a desplegar. Su vasto esfuerzo intelectual va dirigido a dar cuerpo a una posibilidad española, cuyos rasgos habremos de dibujar, en la línea de una tradición que, desde nuestro tiempo, bien podemos ya calificar de clásica" (Carpintero, 1967: 191).

La lealtad de Marías, pues, de máxima fuerza en el caso de Ortega, se extiende a las tres generaciones anteriores a la suya.

Explica su adhesión con estas palabras:

"Nuestra solidaridad con esas tres generaciones anteriores ha sido radical, irremediable, a prueba de reservas y descontentos. Hemos sentido que en ellas iba la vida futura de España y la salvación de todo lo que nos parecía valioso, estimable, original, insustituible en un milenio de vida española, en medio mileno de creación transespañola" (Marías. 1989: 276).

4. Marías y la universidad española

Hay todavía más, y acaso lo más fundamental. En muchas ocasiones Marías hace elogios de la universidad que el conoció por los años 1931-36. En aquel momento histórico era tal vez la facultad más distinguida de toda Europa. Desde su cátedra de metafísica y su actuación editorial Ortega presidía la vida intelectual del país. La excelencia de su doctrina, pluma y retórica reobraba sobre otras disciplinas, elevándolas a alturas nunca antes alcanzadas. La filosofía servía de patrón-oro y máxima disciplina rectora para cuatro generaciones, incluso, desde luego, la de Marías.[109]

No es de extrañar, pues, que Marías, desterrado por circunstancias políticas de la Universidad Española durante varias décadas, se mantuviera cerca de lo que quedaba de esta tradición intelectual vía su amistad con historiadores, médicos, escritores, psicólogos, y otros intelectuales. Nunca le tentó el exilio. Comenta que, en los Estados Unidos, veía con cierta lástima a los españoles que escogieron esa opción remunerativa,

---

[109] Al aplicar la teoría generacional de inspiración orteguiana, pero desarrollada por Marías, en otro escrito hablo de las "cuatro generaciones de 1898" (Raley, 1997).

pero personal e intelectualmente penosa y desfavorable. Si en España no pudo hacer lo que quisiera—ser profesor de filosofía— haría lo que pudiera, que en su caso, dadas sus dotes literarias, consistiría principalmente en ser escritor.

Indudablemente lo ideal para Marías hubiera sido, en el debido momento, asumir el liderazgo intelectual vacante desde la muerte de Ortega. No fue posible por múltiples circunstancias aludidas. Por lo tanto, no tardaron las disciplinas en dejar de comunicarse, lo cual las exponía a influencias dudosas y hasta nefastas, sin duda, en determinados casos.

Pero a pesar de las limitaciones de su entorno, en plan de guardián espiritual de la época *plurigeneracional* en la que se formó, Marías se siente responsable de ella, máxime en el caso de Ortega. Cae sobre él lo que se puede llamar el "peso de excelencia" de las generaciones de 1898. Al manifestarse las primeras resquebraduras alrededor de 1960, las cuales eran de esperar de acuerdo con la teoría de las generaciones, Marías redobla sus esfuerzos por salvar lo más valioso del pasado. Desde luego no lo hizo simplemente para archivarlo como si fuera una tradición caduca, sino para hacer disponibles sus descubrimientos y adelantos a las generaciones venideras.

Hasta cierto punto hay que confesar que perdió la batalla, pero solo la primera. Se dejó de leer a Ortega en las universidades y su figura no tardó en desdibujarse. Las nuevas promociones estudiantiles a partir de 1960 casi nada sabían de él. El mismo Marías gozaba de popularidad, pero con el público, mucho menos con los profesores académicos, acaso resentidos porque Marías, exasperado y sin distinguir, se atrevió varias veces a calificarlos de "impostores".

Fallecido Ortega en octubre de 1955, pues, Marías respondió

enérgicamente a un doble imperativo: primero, completar a Ortega y darle sus propias posibilidades y, segundo, convertir su intuición de 1947 en un nuevo nivel de pensamiento. Desde aquel momento se concretó lo que sucedió hacía algunos años: el espíritu creador del ortegianismo había venido a posar sobre Marías.

Para poder saldar hasta lo posible su deuda con Ortega, Marías dedicó casi tres años a escribir *Ortega. Circunstancia y vocación* (1960). Pero resultó imposible decirlo todo en un solo volumen. Al morir Ortega, no se acabó ni la trayectoria de su propio pensamiento ni su continuación en el de Marías. De ahí, veintitrés años más tarde, el segundo libro de Marías precisamente sobre las trayectorias del orteguianismo, *Ortega. Las trayectorias* (1983a).

Por la década de los sesenta fueron apareciendo influencias perturbadoras que para Marías urgía afrontar: (1) el prestigio de la textualidad críptica; (2) el resurgimiento del intrascendentalismo arcaico y (3) la marginación de la vida intelectual. Marías se esforzó por contrarrestar estas tendencias, notablemente en *Nuevos ensayos de filosofía* (1968). Sin embargo, el libro tuvo poca resonancia. Cita Marías varias causas del desplazamiento de la atención: en España la firme decisión colectiva de no enterarse de la significación del pensamiento orteguiano; la invasión del escolasticismo en todos los niveles de la enseñanza oficial (el cual para Marías era "una enorme insinceridad"), el interés por el cientificismo y la epistemología, el análisis lingüístico, el auge del existencialismo aliado con variantes del marxismo y, sobre todo, una fascinación por el tecnicismo aparatoso, el cual, en palabras de Marías, "siempre ha triunfado en las formas más triviales de la filosofía" (Marías, 1968: 41).

5. Antropología metafísica y otros escritos

En este clima anti-metafísico y a contracorrientes, Marías publica *Antropología Metafísica. La estructura empírica de la vida humana* (1970). Es su libro más importante, de gran originalidad, altos vuelos teóricos y nada en línea con la filosofía en boga. La intuición rectora databa, como queda indicado, de 1947. En sus líneas generales, pues, las ideas de *Antropología metafísica* estaban formuladas en fechas relativamente tempranas, pero le faltaba el estilo literario adecuado al nivel que exigían los nuevos conceptos.

Con su publicación Marías contó con los conceptos apropiados para afrontar toda una dimensión de la realidad humana que faltaba en la teoría analítica de Ortega. Es el libro más personal de Marías, el núcleo de su pensamiento y, como tal, va a condicionar casi toda su producción posterior, sobre todo, la referencia a la persona, hombre y mujer. Dice Marías:

"El libro a que ahora me refiero [*Antropología metafísica*] representa un *nivel*, no solo en mis ideas, sino en mi biografía misma. El hecho de que no pudiera escribirlo cuando lo empecé, de que me fuera menester esperar bastante largo tiempo, indica que yo no había alcanzado el nivel adecuado, aunque acaso hubiesen llegado a él mis conceptos" (Marías, 1989*b*: 344).

Siguiendo el ejemplo estilístico ya evidente en Ortega, Marías evita hasta lo posible el lenguaje rebuscado y técnico. Textualmente comenta:

"Escribí este libro con un mínimo de tecnicismos, en la prosa más vivaz posible; y no solo era parco en notas y referencias, sino que tuve la impresión de que las rechazaba. La melodía de todo escrito tiene exigencies que varían de uno a otro, y en este caso le correspondía una estructura casi narrativa" (Marías, 1989b: 346).

Con raras excepciones, el léxico adecuado a la pretensión de Marías en *Antropología* lo encuentra en el español corriente: "instalación", "mundano", "sesgo", "vector", "trayectorias", "inclinación" son ejemplos. Solo en determinados casos hace falta un neologismo. Por ejemplo, at tratar el tema de la sexualidad humana encuentra deficiente la voz "sexual". Prefiere otra, creación suya, "sexuado", ya que el hombre y la mujer sostienen relaciones condicionadas por el sexo, sin que en la gran mayoría de los casos sean también sexuales. Piénsese en los niños, hermanos, célibes y ancianos.

Mientras tanto, le ocupan múltiples proyectos. Viajero incansable, escribió libros sobre sus impresiones de otros países: *Imagen de la India* (1961), *Análisis de los Estados Unidos* (1968, anteriormente había escrito otro libro sobre aquel país: *Los Estados Unidos en escorzo* [1956]) e *Israel: Una resurrección* (1968). También España le mereció tres libros: *Meditaciones sobre la sociedad española* (1966), *Consideración de Cataluña* (1966) y *Nuestra Andalucía* (1966). La imagen de trayectorias, plena o parcialmente realizadas, es tal vez la más indicada para poder habérselas con la enorme producción editorial de Marías sobre un vasto panorama de temas: cine, literatura de varios países, la condición femenina, problemas del cristianismo, temas de convivencia social, el pensamiento extranjero y al acercarse la balbuciente democracia española, la realidad política. En 1964, con la displicencia del régimen, fue elegido miembro de la Real Academia Española.

De abolengo orteguiano y *noventaochesco*, pues, hay en muchos escritos de Marías una evidente preocupación por

España y lo hispánico, y por extensión tras su vivencia de las Américas, la civilización occidental. Para él no se trata de ninguna visión utópica sino de las circunstancias y vocación en las que abunda la libertad de uno. Decía que sin libertad nada es plenamente humano. Por lo tanto, al entrar el régimen franquista en su etapa agonizante, la preocupación de Marías se convirtió en iniciativas concretas. En 1974 emprendió una serie de ensayos que forman el núcleo de tres libros: *La España real* (1976), cuya primera edición se agotó en cuatro días, *La devolución de España* (1977) y *España en nuestras manos* (1978). Las meditaciones sobre España culminan en *España inteligible* (1985). Frente a la visión de España históricamente achacosa en Ortega, Américo Castro y otros, Marías da razón a la historia española, ello es, de acuerdo con la razón histórica. A la luz de esta razón y desde la óptica de Marías, se van derrumbando uno tras otro los temibles mitos que *afean* la historia de España, a saber, los moros, la Inquisición, la destrucción de las Indias, la Decadencia y el Mosaico cultural.

Tras un período de intenso dolor e introspección religiosa a raíz de la muerte de su esposa en 1977, escribió *Problemas del cristianismo* (1979). Desde conceptos forjados en *Antropología metafísica* hace hincapié en el nexo antropológico de esta vida y señala como posible base de una futura teología los pasos que ha dado la filosofía de Ortega—y la suya—en la comprensión de la realidad personal aplicable a uno y otro plano.

6. Persona

Así empezó lo que en otro lugar he llamado la "segunda navegación" filosófica de Marías. Al intentar comenzar una nueva fase en su pensamiento tuvo clara conciencia de que solo sería posible "desde la más profunda intimidad, no desde las zonas periféricas de la persona, sino desde su mismo centro, después de entrar en últimas cuentas conmigo" (Marías. 1989c: 151).

La preocupación por la persona, tema que Marías había recalcado en *España inteligible* como intuición rectora de la civilización española, une sus libros en un conjunto coherente. Así, por ejemplo, los dos libros sobre la mujer, *La mujer en el siglo XX* (1980) y *La mujer y su sombra* (1986). En el primero se trata de la situación histórica y social de la mujer en épocas recientes y, en este, de los grados de intimidad y las relaciones posibles entre el hombre y la mujer.

Convergen estos temas en *La felicidad humana* (1987). Comienza su meditación al comentar que, a diferencia del hombre clásico que solía atribuir la felicidad al sabio, hoy en día hay una propensión a asociarla con el necio. En ese cambio de perspectiva se resalta lo poco que se ha pensado en el tema en tiempos modernos. Más bien se insiste cada vez más en sus sucedáneos: los placeres y las diversiones, el bienestar económico, los viajes, las vacaciones, etc. Para Marías la felicidad es irrenunciable aunque su plenitud permanente es imposible en esta vida. De ahí su definición que raya en lo paradójico: "el imposible necesario".

Al llegar a últimas cuentas consigo mismo, Marías vuelve sobre la filosofía como tal en *Razón de la filosofía* (1993). El punto de arranque es la pregunta insoslayable: ¿Por qué hacer filosofía? Se entiende, la responsable, porque llevan el título de "filosofía" las cosas más descabelladas. De acuerdo con Marías, solo puede existir la filosofía auténtica cuando surge de una necesidad personal, es decir, radical. No se trata, pues, de esquemas previos, ni siquiera de su contenido formal, sino de una previa inevitabilidad.

Esta condición personal y su indagación es el tema de *Mapa del mundo personal* (1993). La realidad personal será radical pero lo será en diversos grados con tendencia a la despersonalización. El "mapa" a que se refiere parte de los hitos argumentales de la vida personal en sus dos formas de varón y mujer. Lejos de lo meramente descriptivo, responde a la narración y la temporalidad, porque las relaciones en que consiste vienen aconteciendo en todo momento. Esto significa que el descubrimiento de la persona es inagotable, porque esta es una realidad que, por emergente y futuriza, es también irreal. Por lo tanto, "ser persona es poder ser más."

En Tratado de lo mejor (1995) Marías se enfrenta con las cuestiones morales desde la realidad personal viniente. A diferencia de una larga tradición ética en la que se ha insistido en el bien y lo bueno—*el summum bonum*—Marías encuentra que en la moralidad de la vida lo mejor es lo que funciona como principio de conducta. La verdadera moral consiste en la intensificación de la vida en libertad—la realidad que siempre puede ser más real—y esto implica el enriquecimiento de lo humano. Por ello, la inmoralidad ha de ser aquello que peca contra la vida misma y podría definirse formalmente como la negación o mengua de la persona.

En *Persona* (1996), Marías da un último apretón al tema de la persona. A diferencia de las cosas, el núcleo irreductible de la persona es su carácter proyectivo y futurizo. Pero la realidad de la persona se proyecta precisamente hacia los otros en esencial menesterosidad amorosa y altruista. Al fin y al cabo, eso es lo que se llama destino, lo cual quiere decir que la persona es una meta que se pretende realizar o se abandona. Ahora bien, este balance personal del destino se mide en términos de felicidad y su forma deficiente de infelicidad.

El destino que consiste en una proyección en principio ilimitada remite a la muerte y hace que reobre sobre el contenido y significado de la vida entera. Desde esta perspectiva Marías afirma que la destrucción de la persona—y sobre todo, la de las personas queridas—es tan impensable como su aparición es inderivable de la materialidad. De ahí la tesis ulterior de Marías: "La perduración de la persona parece coherente con la forma de realidad que hemos descubierto en ella" (Marías, 1996: 176).

Vuelve a tocar el tema de la perduración personal en su último libro, La *perspectiva cristiana* (1999), al agregar que el cristianismo, que no siempre coincide con la fe cristiana, viene condicionando la civilización occidental desde hace dos milenios.

A las trayectorias o pretensiones vitales de la persona corresponde el carácter transitable de la circunstancia mundana. Debido a tal convergencia, por problemático que sea nuestro tránsito personal, se nos presenta el mundo en su conjunto como algo inteligible y compatible con la razón humana, es decir, vital. Siempre es posible y probable el equívoco y el error. Pero estos también tienen su lado positivo con tal que nos demos cuenta de ellos, sin lo cual sería impensable todo tipo de rectificación y progreso, tanto religioso como secular. Podríamos decir, como decía Ortega, que errando ha venido progresando la humanidad.

En el fondo, pues, se trata de algo esperanzador con referencia al destino humano. Frente a las teorías de moda de un mundo caótico o indiferente, acaso absurdo, sin principio ni propósito, y de la persona como poca cosa destinada a la destrucción absoluta, comenta Marías sin más insistencia que la misma razón de la vida que "si el mundo ha sido creado por Dios, es inteligible que sea inteligible" (Marías, 1993: 287). Y si se trata de un cosmos susceptible a la razón humana ¿con qué derecho intelectual se puede calificar de absurdo, caótico o sin sentido sin tener *a priori* un concepto contrario y contrastivo? De otro modo, no nos daríamos cuenta de ello. Sería simplemente el orden normal que no llamaría la atención de nadie.

Referencias bibliográficas

Carpintero, H. (1967). *Cinco aventuras españolas.* Madrid: Revista de Occidente.

Marías, J. (1962). *Obras* II. Madrid: Revista de Occidente.

Marías, J. (1968). *Nuevos ensayos de filosofía.* Madrid: Revista de Occidente.

Marías, J. (1970. *Antropología metafísica. La estructura empírica de la vida humana. Madrid*: Revista de Occidente.

Marías, J. (1970). *La vida humana.* Madrid: Revista de Occidente.

Marías, J. (1983a). *Ortega. Las trayectorias.* Madrid: Alianza.

Marías, J. (1983b). *Ortega. Circunstancia y vocación*: Alianza.

Marías, J. (1989). *Generaciones y constelaciones.* Madrid: Alianza.

Marías, J. (1989). *Innovación y arcaísmo.* Madrid: Alianza.

Marías, J. (1989a). *Una vida presente. Memorias* 1 (1914-1951). Madrid: Alianza.

Marías, J. (1989b). *Una vida presente. Memorias* 2 (1951-1975). Madrid: Alianza.

Marías, J. (1989c). *Una vida presente. Memorias* 3 (1975-1989). Madrid: Alianza.

Marías, J. (1993). *Razón de la filosofía*. Madrid: Alianza.

Marías, J. (1996). *Persona*. Madrid: Alianza.

Ortega y Gasset, J. (1962). *Obras completas* VIII. Madrid: Revista de Occidente.

Ortega y Gasset, J. (1963). *Obras completas* II. Madrid: Revista de Occidente.

Raley, H. (1997). *Julián Marías: una filosofía desde dentro*. Madrid: Alianza.

¿Nuevas trayectorias u otras decepciones filosóficas?[110]

Antes que nada, quiero agradecerles a los organizadores, Manuel Carmona, Fernando Moreno y otros colaboradores, la invitación a participar en este congreso cuya temática son los pensadores que más admiro y cuya obra más investigo: José Ortega y Gasset y Julián Marías. Entre las fechas clave 1914-2014, hay muchísimos temas que merecen nuestra atención, sin duda muchos más de los que podremos poner en juego. Pero de todas maneras hay que hacer el esfuerzo y poner manos a la obra. "Por mí que no quede," el excelente lema personal de don Julián Marías, viene bien aquí. Por lo tanto, tengo muchas ganas de escuchar y compartir ideas con vosotros.

Por otro motivo es un placer estar de nuevo en esta hermosa ciudad tras un lapso de más de cuarenta años. Por circunstancias imprevistas Sevilla fue la primera ciudad española que conocimos mi esposa y yo. Se suponía que el destino de nuestro vuelo a fines de diciembre de 1970 era Madrid, pero al llegar a Barajas las pistas estaban congeladas y no pudimos aterrizar. El avión dio un par de vueltas indecisas y acaso de mala gana siguió hacia el sur como un ave gigantesca ya cansada de tanto volar. Por fin llegamos a esta linda Sevilla donde a salvo del frío salvaje del norte pudimos pasar unos días inolvidables.

Este pequeño incidente, reducido a un grato recuerdo, También puede servir de recordatorio de la importancia que don

---

[110] Conferencia pronunciada en Sevilla (abril de 2014), Congreso Internacional 1914-2014.

Julián Marías atribuye formalmente al azar, a lo imprevisto como tal. Según él, fue un elemento decisivo en la etapa ulterior de la vida de José Ortega y Gasset. Volveré sobre el tema del azar en la vida de Ortega en su debido momento. Sin anunciarse, de vez en cuando el destino nos sorprende con lo inesperado. Viene a romper nuestros viejos esquemas y abrir inexplorados horizontes. Nos restaura forzosamente a la libertad y nos obliga a alterar, acaso a suplantar, los supuestos sobre los cuales hemos vivido.

Desde luego, en un plano personal estas intervenciones sorpresivas y azarosas pueden ser motivo de felicidad o tragedia—un amor, una conversión religiosa o la muerte de un ser querido—pero al suceder a escala global que afectan a poblaciones enteras hacen que nuestra vida, individual y colectiva, tome otro rumbo y eche a marchar a nuevo rumbo. Preludian tal vez una nueva época histórica. Con frecuencia pienso en la Europa y las tierras que serían las futuras Americas de 1491 a vísperas del viaje de Colón y las consecuencias trascendentales que nadie en aquel momento hubiera podido predecir.

De paso, confieso que tengo la sensación, una premonición, si se quiere, de que algo parecido se nos avecina. No por imprevistos dejan los grandes acontecimientos de proyectarse. Según un viejo dicho en inglés: *Coming events cast their shadow before* [los eventos venideros adelantan su sombra].

A diferencia de las ideologías que pretenden imponer esquemas abstractos sobre la realidad presente y futura o las ciencias que forzosamente se limitan a investigar porciones de ella, en principio la filosofía lo abarca todo, incluso el azar, las cosas que existen y algunas que solo existen de manera abstracta, los números, por ejemplo, o por imposibles no existen. En *¿Qué es filosofía?* Ortega define la filosofía como "conocimiento del Universo" y entiende por Universo formalmente "todo cuanto hay" [111] Pero hay que precisar lo que esto quiere decir. A continuación agrega: ". . . al filósofo no le interesa cada una de las cosas que hay por sí, en su existencia aparte, y diríamos privada, sino que por el contrario, le interesa la totalidad de cuanto hay, y consecuentemente, de cada cosa lo que es frente y junto a las demás, su puesto, papel y rango en el conjunto de todas las cosas –diríamos la vida pública de cada cosa, lo que representa y vale en la soberana publicidad de la existencia universal.[112]

La realidad es tímida y evasiva. Así como en la selva en *Meditaciones del Quijote*, a las cosas les gusta ocultarse en la profundidades y cuesta trabajo desvelarlas. En esa obra dice Ortega que ". . . va ligando el amor cosa a cosa y todos a nosotros, en firme estructura esencial." [113] Si la filosofía es "la ciencia general del amor", como dirá Ortega luego en el mismo contexto, entonces solo con amor, el *amor intellectualis* de Spinoza, se las conquista. Por eso, la tarea del filósofo, tarea seductora, como diría Ortega tal vez, no es ser cómplice de las tácticas evasivas de las cosas sino de sacarlas de las profundidades y traerlas a la claridad. Ortega lo describe textualmente así: "Contra lo que suele suponerse, es la filosofía un gigantesco afán de superficialidad, quiero decir, de traer a la superficie y tornar patente, claro, perogrullesco si es posible, lo que estaba

---

[111] Ortega, *Obras completas*, Madrid. Revista de Occidente (1961-1963), VII, pp. 318-19 *et passim*.

[112] Ortega, *Obras completas*, VII, 319.

[113] Ortega, *Ibidem*, I, 313.

subterráneo, misterioso y latente."[114] El orden es función de la superficie. Decía Husserl que la profundidad es un síntoma de caos."

Pero empezar a filosofar desde tal universalidad ¿no es exponerse desde luego al error? Claro que sí y Ortega no tarda en reconocerlo. Pero hace falta saber exactamente de que se trata, lo cual es nada menos que la dimensión positiva del error. Sorprende tal vez esta aserción de Ortega, ya que para las gentes modernas el error de la forma que sea es peor que la mentira o el pecado. El amor a la verdad que anima al filósofo no es, como si fuera el reverso de la medalla, odio al error. En realidad vive la verdad de él: ". . . gracias a que el existe se sabe que es verdad. Si el error se suprimiera mágicamente la verdad, dejaría de ser verdad y se convertiría en dogma."[115]

Decía Ortega que la filosofía es una cosa inevitable. Puede ser, pero también es cierto que en su larga historia ha habido plenitudes y sendos lapsos, cimas y valles. Desde una perspectiva histórica, los apogeos de la filosofía suelen ser relativamente cortos y en ciertas épocas, la nuestra, por ejemplo, tiende a ceder su logar a varios sucedáneos: la política o la ideología, tal vez a ciertas ciencias y saberes, en algunos lugares la religión. De un ataque pasajero de modestia ante los triunfos de los científicos, la filosofía, sobre todo su rama angloamericana, pretende reducirse a la categoría de una ciencia más, y acaso de las más humildes ya que le falta especificidad. Pero de acuerdo con Ortega ". . . la filosofía no es una ciencia, porque es mucho más."[116]

---

[114] Ortega, *Ibidem*, VII, 342.

[115] Ortega, *Ibidem*, I, 218.

[116] Ortega, *Ibidem*, VII, 300.

De ahí el subtítulo de mis comentarios: Nuevas trayectorias *u otras decepciones*? Es que me preocupa la posibilidad de echar a perder los espléndidos adelantos y avances realizados por los dos máximos pensadores españoles en el siglo que tenemos fechado. Iba a decir "nuestros" pensadores porque como dice don Julián, "Para los que hablan otras lenguas, esta filosofía significa una exploración por mares antes nunca navegados, el enriquecimiento con un nuevo 'modo de pensar' que no les es ajeno, porque ha brotado precisamente del conjunto del pensamiento occidental."[117] Creo, al igual que ustedes, que son descubrimientos que no solo merecen ser conservados sino también utilizados. Luego volveré sobre el tema.

Hasta la Primera Guerra Mundial se creyó que vía la ciencia y las nuevas tecnologías se iba a resolver los problemas y conflictos de la modernidad. Por ejemplo, comenta Azorín en *Castilla* las esperanzas que los intelectuales del siglo XIX tenían puestas en los efectos civilizadores de los ferrocarriles.[118] Desde su juventud y durante la primera etapa intelectual el mismo Ortega vio en la Europa definida por la ciencia el porvenir de España. Efectivamente la ciencia ha podido eliminar ciertas enfermedades y poner a nuestra disposición maravillosas tecnologías, pero su eficacia con respecto a los conflictos políticos ha sido, a decir la verdad y a la luz de la historia, casi nula. Más bien lo contrario. Pongamos de ejemplos las dos guerras mundiales. No tardaron algunos intelectuales, entre ellos los filósofos Karl Jaspers y Julien Benda, en señalar que lejos de traer

---

[117] Marías, *Ortega. Las trayectorias*. Madrid: Alianza Editorial (1983), 506.

[118] Azorín, *Castilla*. Madrid, Biblioteca Nueva, séptima edición, 1951, pág. 23 *et passim*.

la paz, la ciencia es algo compartido por los peores enemigos.

Para los efectos de este congreso y a consecuencia de mis estudios más recientes la mayoría de los pasajes que cito de Ortega son de *Meditaciones del Quijote* y *¿Qué es filosofía?*

Pongamos de ejemplo su famosa máxima: "Yo soy yo y mi circunstancia y si no la salvo a ella no me salvo yo." Magníficas palabras, pero precisamente ¿qué significan? En las *Meditaciones* se trata de sus esfuerzos por superar la fenomenología husserliana, la cual supone toda la tradición idealista desde Descartes, pasando por Leibniz y Kant para culminar en Husserl. Recién vuelto a España en 1911, Ortega se dio cuenta de que tanto él como otros discípulos de Husserl no quisieron regresar a Descartes con su admirado maestro. Y ya que la vida no se suspende en su trayectoria, también rechazó la "suspensión" o *epokhé* que Husserl propone. Donde se para el filósofo a meditar sobre los objetos de la conciencia no se para la vida. Por ello, decía Ortega que "la fenomenología no fue para nosotros una filosofía: fue . . . una buena suerte."[119]

De paso, debemos tener en cuenta que la fenomenología husserliana no era el único reto con que Ortega tuvo que habérselas al volver a España. Era apremiante hacer cara al irracionalismo que Unamuno había formulado en *Del sentimiento trágico de la vida*. Y desde otro plano el otro era la misma Europa. A los pocos días de salir *Meditaciones del Quijote* estalló la guerra

---

[119] Ortega, *Obras completas*, I, 322. Yo me pregunto por qué Ortega no insistió en obras posteriores en ciertos temas luminosos de las *Meditaciones*, la filosofía como la ciencia general del amor, por ejemplo. ¿Temería acaso crear una especie de beatería filosófica? Cuesta trabajo saber por qué Ortega abandona ciertos proyectos y libros.

europea. 1914 marcó el fin de la *Belle Époque.* Lejos, pues, de ser la solución de los problemas de España, Europa misma se ha vuelto problemática. De ahí, tal vez, la génesis remota de *La rebelión de las masas.*[120]

En 1913 dice Ortega que mal puede ser una realidad la conciencia si consiste esta en ser "conciencia de" la realidad. La conciencia pura no constituye la realidad primaria. Para que esta exista, tengo que suspender mi vida espontánea y volver sobre la memoria de lo que ha pasado. Marías lo explica así: "Cuando se advierte, como Ortega ha mostrado, que el pensar es siempre ponente, que pone lo pensado como verdadero y existente, se cae en la cuenta de la imposibilidad de reducción fenomenológica, porque esta se ejecuta en un nuevo acto, ponente también, esto es, no en la conciencia, sino desde la vida. Pero esto quiere decir, literalmente, que no hay conciencia, que esta, lejos de ser la realidad absoluta, no es realidad, sino una interpretación o teoría, y que lo real es el encuentro mío, real y efectivo, con algo vivido, sin reducción ni abstención ninguna: en la vida, que es la realidad radical. Y por esto la fenomenología, para ser fecunda, tiene que superarse y salir de sí misma."[121]

He citado el pasaje en su integridad porque da paso a esta pregunta fundamental: ¿cómo, si es posible, salirse de tal circularidad implícita desde Descartes? Creo que la respuesta, de una sencillez genial, se encuentra en la obra póstuma de Ortega

---

[120] Ortega, *Obras completas*, VIII, 42. Comenta Marías que en esa fecha termina la fase que hace de la "europeización" la empresa intelectual principal de España: en buena medida, porque ya estaba realizada . . ." *Ortega. Las trayectorias*, 55.

[121] Marías, *Obras*, V, 344.

¿Qué es filosofía? (publicada en 1957). Escuchemos la conclusión de esta trayectoria dialéctica:

"Necesitamos, pues, corregir el punto de partida de la filosofía. El dato radical del Universo no es simplemente: el pensamiento existe o yo pensante existo—sino que si existe el pensamiento existen, *ipso facto*, yo que pienso y el mundo en que pienso—y existe el uno y el otro, sin posible separación. Pero ni yo soy un ser substancial ni el mundo tampoco—sino ambos somos en activa correlación: yo soy el que ve el mundo y el mundo es lo visto por mí. Yo soy para el mundo y el mundo es para mí. Si no hay cosas que ver, pensar e imaginar, yo no vería, pensaría o imaginaría—es decir, yo no sería."[122] Y si se exprime la correlación entre el mundo y yo se descubre mi omnímoda responsabilidad moral y ética hacia las realidades que son contenidos de mi vida. Resulta, pues, que la base de la doctrina que Ortega planteó en 1914 en *Meditaciones del Quijote*, lo acabó de desarrollar en las lecciones de *¿Qué es filosofía?*

Superado por fin el subjetivismo predominante en la filosofía europea durante tres siglos, Ortega grita eufóricamente la libertad: "Estamos fuera del confinado recinto yoísta, cuarto hermético de enfermo, hecho de espejos que nos devolvían desesperadamente nuestro propio perfil—estamos fuera, al aire libre, abierto otra vez el pulmón al oxígeno cósmico, el ala presta al vuelo, el corazón apuntando a lo amable—". [123]

Lamentablemente, por una serie de imprevistos—otra vez el azar—*¿Qué es filosofía?*—no se publicó en vida en Ortega, y al salir en 1957-58 la imagen pública de él ya se desdibujaba y sus

---

[122] Ortega, *Obras*, VII, 402-03.
[123] *Ibid.*, 411.

escritos póstumos solo tuvieron una resonancia modesta. Por no sé qué motivos Ortega nunca redactó la obra, la cual, de haber salido a tiempo, habría figurado entre sus más importantes, y lo que es más, habría desmentido la crítica tantas veces repetida de que a Ortega le faltaba sistema filosófico.

Aunque yo leía apasionadamente sus obras, no alcancé a conocer personalmente a Ortega, al que Marías calificaba de "descubridor de un nuevo continente filosófico" y de quien fue siempre discípulo y amigo incondicional. En cambio, tuve la suerte de tratar a don Julián en una amistad que empezó en 1966 de una manera que también tuvo un elemento de lo inesperado.

Volvió don Julián muchas veces a ambas Américas. En la América del Norte dio clases en las universidades de Harvard, Wellesley, Yale, UCLA, Indiana y Oklahoma y Puerto Rico, y conferencias en otras. Durante varios años a partir de 1952 enseñó a estudiantes extranjeros en España.

Lamentablemente, factores pol,ticos que no hace falta elaborar, privaron a varias generaciones de jóvenes españoles de sus enseñanzas. Y lo mismo se puede decir de grandes porciones de la vida de Ortega. En ambos casos fue una pérdida incalculable, pero acaso no absoluta, ni del todo irreparable. Porque lo indispensable—las obras de ambos—se salvó del naufragio cultural de este gran país. Por otro lado, incontables americanos de ambos hemisferios aprovecharon las lecciones de estos máximos pensadores españoles, sobre todo en el caso don Julián.

Pero si don Julián nos enseñó muchas cosas en sus visitas a Estados Unidos, también como consecuencia de tales experiencias pudo perfeccionar algunos aspectos de su pensamiento. Para mí se destacan dos, pero sin duda hay otros.

Pero hay que poner las cosas en orden de magnitud. Vale repetir que no se trata de una sola América sino de América en su doble o triple vertiente, porque incluye naturalmente la de los países de habla española y portuguesa, los que fueron la primera expansión europea en el Nuevo Mundo. [124] En este sentido, América significa, si no me equivoco, la plena "occidentalización" del pensamiento de Marías, que fue a la vez la forma concreta de su verdadera universalización. A consecuencia de esta vivencia en años posteriores Marías pudo plantear los problemas filosóficos y humanos con sumo rigor y concreción. La nueva perspectiva correspondía a "la altura de los tiempos," tal como quería Ortega, pero también suponía otro imperativo, "la hondura de los tiempos", en palabras de Marías. Archiespanol y lejos de todo cosmopolitismo barato de moda, fue amigo incondicional y entusiasmado de ambas Américas.

La aportación clave que afecta a las teorías sociales de Marías es derivada principalmente de su análisis de la sociedad estadounidense. Por cierto, Marías escribió dos libros sobre los Estados Unidos, *Los Estados Unidos en escorzo* (1956) y *Análisis de los Estados Unidos* (1968). Fueron traducidos al inglés y combinados en un solo volumen: *America in the Fifties and Sixties* (1972).

---

[124] A diferencia de Ortega para quien Buenos Aires y Madrid eran dos lóbulos de la gran colectividad hispánica apenas diferenciados, desde otra perspectiva Marías me dijo una vez que aunque los países hispanoamerianos se parecen mucho a España, esta no se parece tanto a Hispanoamérica, fenómeno del que se da cuenta cualquier viajero a ambos hemisferios. Por su parte, Ortega se ilusionó con La Argentina pero solo tuvo una experiencia tardía y efímera de los Estados Unidos.

Marías comenta en sus *Memorias* su experiencia americana: ". . . al vivir a fondo la sociedad americana, tan distinta de la española . . . comprendí lo que es una sociedad. Sin esa experiencia no habría podido escribir *La estructura social*". A continuación, añade otro comentario revelador: "Al absorberla por todos los poros, ella fue la que me enseñó sociología."[125]

Tras nueve años de exilio, Ortega volvió a España en 1945, pero su regreso no significó la plena reanudación de su actuación pública. Aunque el público le guardaba un respeto reverencial, su autoridad intelectual había disminuido. Viviría una década más, pero debido a varios factores—incluso el azar en que Marías insiste en el caso de Ortega—hasta cierto punto su imagen se había desdibujado. Además, dice Marías en *Ortega: Las trayectorias* inevitablemente en los casi diez años de su exilio hubo cambios sutiles en el ritmo de la vida española y Ortega no parecía siempre darse cuenta de ello. Volvió algo desfasado. Para su primer curso en el Instituto de Humanidades (1948) que fundó con Marías, Ortega anunció que pensaba dar un curso sobre el historiador británico Arnold Toynbee. Marías trató de disuadirlo. Textualmente dice: "No me parecía de suficiente importancia para que Ortega le consagrara un curso entero, y tan significante después de su vuelta a España . . ." [126] Ortega no le hizo caso y siguió adelante con el curso. En espléndida forma retórica dio clases fascinantes y repletas de ideas sobre un escritor que el mundo intelectual no tardó en olvidar. Tampoco acertó Ortega en otras decisiones, sobre todo con referencia a sus escritos. Ya

---

[125] Julián Marías, *Una vida presente: Memorias* 2 (1951-1975). Madrid. Alianza Editorial (1989), 32.

[126] Marías, *Ortega. Las trayectorias*, 404-05.

hemos visto el triste destino de *¿Qué es filosofía?*

Fallecido Ortega en octubre de 1955, a Marías le anima más que nunca el afán transpersonal de conservar y hacer accesibles las aportaciones intelectuales y literarias de las generaciones anteriores. Explica su adhesión, de máxima intensidad en el caso de Ortega, con estas palabras: "Nuestra solidaridad con esas tres generaciones anteriores ha sido radical, irremediable, a prueba de reservas y descontentos. Hemos sentido que en ello iba la vida futura de España y la salvación de todo lo que nos parecía valioso, estimable, original, insustituible en un milenio de vida española, en medio milenio de creación universal, transespañola.[127]

Para Marías tal solidaridad para con Ortega significaba no solo coincidir con los supuestos de su filosofía—la vida humana como realidad radical, razón vital, narrativa e histórica, superación del idealismo, verdad como *alétheia*, el sistema circunstancial y perspectivista, el género como elemento integral de la filosofía, el testimonio de artistas y poetas, estilo adecuado al tema y la inevitabilidad problemática de la filosofía—sino también el imperativo de seguir pensando, de ir más allá de lo recibido. Para Marías solo se asimila plenamente lo recibido al utilizarlo para otros fines y frente a otros problemas. De otro modo se recae en formas de escolasticismo. No basta, pues, con leer y estudiar lo recibido, menos aun convertirlo en dogma ideológico de una u otra índole. Ya Ortega había escrito: "La filosofía no se puede leer—es preciso desleerla—, quiero decir, repensar cada frase, y esto supone romperla en sus vocablos

---

[127] Marías, *Generaciones y constelaciones*. Madrid: Alianza Universidad (1989), 276.

ingredientes, tomar cada uno de ellos y, en vez de contentarse con mirar su amena superficie, tirarse de cabeza dentro de él, sumirse en él, descender a su entraña significativa, ver bien su anatomía y sus límites para salir de nuevo al aire libre, dueño de su secreto interior."[128]

Decía Marías que con respecto a Ortega su relación es de carácter filial: inexplicable sin él pero irreductible a él. Pero es importante tener en cuenta que la transmisión de influencias no es un camino de un solo tránsito entre viejos y jóvenes. Si no me equivoco, es posible intuir la influencia de Marías también en el pensamiento de Ortega, por ejemplo, en las ideas sociológicas posteriores de este. Ambas dimensiones de esta reciprocidad convergen en el imperativo que iba a condicionar la trayectoria filosófica ulterior de Marías: "Completar a Ortega consigo mismo y darle sus propias posibilidades."[129] La fidelidad a Ortega no es la usual. En palabras de Marías, ". . . no es fidelidad al pasado, es fidelidad al futuro. Quiero decir: es fidelidad a los proyectos y empresas. Es fidelidad a la meta".[130]

Pero completar a Ortega y darle sus propias posibilidades es ir más allá de Ortega. La imagen de trayectorias, plena o parcialmente realizadas o no en el caso de Ortega, es tal vez la más adecuada para poder habérselas con la enorme producción editorial de Marías. A la vez que fue explorando el "fabuloso continente" que descubriera Ortega, también trato múltiples

---

[128] Ortega, *Obras completas*, VII, 318.

[129] Marías, *Ortega. Circunstancia y vocacion*. Madrid: Alianza Universidad (1983), 19 y 26.

[130] Marías, *Innovación y arcaísmo*, Madrid. Revista de Occidente. Coleccion El Alción (1973), 19.

temas: la realidad de las Américas, el cine, la realidad política durante la primera etapa de la nueva democracia española, la realidad de España vista a través de la razón histórica, sus libros sobre países y provincias. En algunos casos, el del amor y la mujer, por ejemplo, se trata de rectificar ciertas ideas acaso equivocadas de Ortega, al menos en la opinión de Marías.

A partir de 1970 y la publicación de *Antropología metafísica*, la teoría de la estructura empírica de la vida va a condicionar toda su producción posterior. Para Marías esta meditación complementa la analítica de Ortega y Heidegger, pero ya más allá de ellos. Se niega a utilizar los neologismos ofuscadores y echa mano de los giros y modismos corrientes de la lengua española: "instalación", "mundano", "vector", "inclinación", "sesgo", y los tiempos del verbo "estar". Solo en el caso de la sexualidad humana encuentra deficiente la voz "sexo". Prefiere otra, invención suya, "sexuado" ya que el hombre y la mujer siempre llevan una relación sexuada sin que sea "sexual" en la gran mayoría de los casos. Piénsese, por ejemplo, en los niños, hermanos, los celibatos o los ancianos. (Al traducir algunas cosas de Marías al inglés, no tuve más remedio que introducir lo que sería la versión equivalente en mi idioma: *sexuate*, aunque en general el español de Marías, claro, transparente, diamantino, se traduce con relativa facilidad. Ortega es otra cosa; su estilo es tan suyo, tan genial e inimitable—al igual que el alemán de Heidegger—que cuesta mucho trabajo y no poca tortura verbal adaptarlo al inglés, y adelanto mi opinión que casi nunca se logra.)

Encontramos en casi todas las obras de Marías una preocupación por España y lo hispánico—resonancias de la Generación de 1898—y por extensión lógica, la civilización occidental. Para él no se trata de ninguna visión utópica sino de fidelidad a las verdaderas posibilidades de las respectivas culturas hispánicas. Por esto lo que decía Marías hace veinte, treinta o hasta cincuenta años conserva una actualidad que sorprende. Creo que es la frescura perenne de la verdad y la entrevisión acertada.

La imagen de nuestro mundo suele ser un cuadro tétrico, pero el mundo en sí es mucho más esperanzador. Por inercia intelectual se suele repetir muchas cosas falsas. Me viene a la memoria un verso de Machado que a don Julián le gustaba repetir: "A distinguir me paro las voces de los ecos". Creo que estos pensadores, Ortega y Marías, tal vez los hombres más inteligentes de nuestra época, son excelentes guías en la faena apremiante de distinguir las voces auténticas de las falsas.

Nuestra vida es susceptible a los azares del destino. Lo que hemos logrado lo podemos perder. A diferencias de otras realidades, de existencia fija, la vida humana es tal que siempre puede ser más o menos de lo que es. Las posibilidades inherentes en el continuo filosófico de Ortega y Marías son exhilarantes, pero también abundan los peligros, tentaciones y posibles decepciones. A presión de los años y una propensión religiosa cada vez más apremiante, a mí me interesan sobre todo los temas de la vida perdurable implícitos en el pensamiento de Ortega y elevados a plenitud en el de Marías. Bajo esa inspiración en los últimos años he escrito un par de libros sobre el tema. Creo que esta rama del pensamiento de Marías ofrece la posibilidad de nuevas entrevisiones de nuestra realidad y nuestro destino. No son vagos anhelos sin fundamento sino supuestos racionales inherentes en este modo de pensar.

Reitero lo que Ortega y Marías repitieron muchas veces: hay

que seguir pensando desde lo recibido. Solo así se realiza y se justifica nuestro haber intelectual. Creo, pues, que es nuestro común imperativo seguir pensando desde lo que hemos recibido de nuestros maestros. Y repito, nuestros maestros, porque también han sido y siguen siendo los míos. Las obras de estos grandes filósofos están ahí, y a pesar de problemas editoriales más o menos disponibles. También está ahí, ante nosotros, su doble ejemplo de rectitud intelectual y afán de verdad. Han dejado un tesoro de ideas y conceptos. Ahora nos toca a nosotros repensarlos, reabsorberlos como parte esencial de nuestra circunstancia para que podamos seguir adelante en busca de la verdad siempre nueva, dramática, inagotable. Filosofar con Ortega y Marías no se reduce a una tarea de clase sino que sigue siendo una aventura intelectual.

Pero tratemos de concretar un tanto las cosas. ¿Cuáles con algunas áreas o directrices en el pensamiento de Ortega y Marías que urge investigar? He aquí solo unas cuantas que se me ocurre señalar: (1) los tres niveles de la vida humana: a saber, el trato interindividual, personal y social. De acuerdo con Marías, este ha crecido enormemente en siglos recientes a expensas de los otros.[131] (2) de ahí la crisis de la persona como tal, concretamente los problemas de la droga, el aborto y el terrorismo de acuerdo con Marías. Pero también incluye el estado problemático del matrimonio y la gama de relaciones entre los sexos. (3) En mi país desde hace varias décadas la mujer es el tema de incontables estudios, libros, teorías, encuestas y rectificaciones legales y sociales. Supongo que en España y otros países occidentales sucede aproximadamente lo mismo. Existirán por lo menos los

---

[131] Marías, *Mapa del mundo personal*. Madrid: Alianza Editorial (1993), 160.

mismos impulsos y movimientos. Pero si la vida de la mujer ha resultado problemática en nuestra época, no es menor la crisis del hombre, por lo menos en mi país donde el descenso de la vida masculina ha sido dramático, lo cual afecta gravemente a la condición de la mujer. A raíz de las lecciones de don Julián sobre la reciprocidad de los sexos ya sabemos que no se puede modificar la condición de la mujer sin que afecte al hombre con la misma intensidad. Pero de esta crisis masculina, que yo sepa, apenas se ha dado cuenta.

Un listado de todos los problemas y realidades implícitos en la filosofía —mejor dicho, en la vida de las personas— de nuestro tiempo sería un cuento de nunca acabar. Los que aquí sugiero solo sirven de ejemplos de multitudes de temas importantes.

Finalmente, vosotros, jóvenes y profesores admirablemente preparados, amigos de la verdad y herederos de una tradición filosófica sin igual, sois los discípulos capaces de continuar y enriquecer las aportaciones espléndidas de Ortega y Marías. De lo contrario, lo único que uno podría decir sería: ¡Qué lástima! En vuestras manos está la posibilidad de otro siglo de oro filosófico en España. Desde luego, no será fácil, pero ¿desde cuándo son fáciles las cosas valiosas? Creo que con vosotros y las generaciones venideras España está en buenas manos, pese a las actuales jaquecas nacionales, ojalá pasajeras. Los frutos de vuestras labores —libros, estudios, maestría de técnicas, ideas, proyectos, ambiciones, entusiasmos, ilusiones— ya vienen manifestándose. Y estoy seguro de que habrá más, mucho más. En mi país hay un dicho que siempre me ha gustado: *The best is yet to come* (aún no ha llegado lo mejor). Dios lo quiera.

Bibliografía

Azorín (José Martínez Ruiz). *Castilla*. Madrid:
    Biblioteca Nueva (Séptima   Edición), 1951.

Marías, Julián. *Generaciones y constelaciones*.
    Madrid: Alianza Universidad, 1989.

_____. *Innovación y arcaísmo*. Madrid:
    Revista de Occidente, Colección El Alción, 1973.

_____. *Mapa del mundo personal*. Madrid:
    Alianza Editorial, 1993.

_____. *Obras*. Madrid:
    revista de Occidente, Vol. VII, 1960.

_____. *Ortega. Circunstancia y vocación*. Madrid:
    Alianza Universidad, 1983.

_____. *Ortega. Las trayectorias*. Madrid:
    Alianza Universidad, 1983.

_____. *Una vida presente. Memorias* 2 (1951-1975). Madrid:
    Alianza Editorial, 1989.

Ortega y Gasset, José. *Obras completas*, Vols. I, VII, VIII, Madrid:
    Revista de Occidente, 1961-63.

Julián Marías: Philosophy of the Person

Introduction by Dr. Joseph Minich

There is a little bit of a story behind this essay that is worth telling. I discovered the writings of Julián Marías (after years of commendation by a dear friend) in writing an essay on the doctrine of God.

Specifically, I have always been somewhat uneasy about the manner in which many evangelical accounts of the development of human thought abstract the latter from its lived conditions, horizons of intellectual possibility, and the relationship between these and whatever we call "the truth." To truly grasp "what it is like" (in a thick sense) for a human being to know has always struck me as necessitating an account of man in the context of a concrete world, moving "toward" new horizons and possibilities (and therefore growth in knowledge).

The tradition of phenomenology always struck me as asking the right questions and providing some helpful insights, but I was shocked when reading Julián Marías to discover that I was swimming in his thought rather than chopping my way through it. He writes with a clarity and degree of insight that is rare among European philosophers. Moreover, he writes (as I have come to know) as a persuaded Christian who is nevertheless brutally honest with the motions of his mind. His intellectual flavor is not that of a philosopher retrofitting philosophical nomenclature to prefabricated dogma, but rather as one journeying through vital reason through the concrete with absolute and unfeigned honesty. And it is this itself—a sort of

Spanish counterpart to C.S. Lewis (see footnote 155 of this essay)—which drives him toward a philosophical truth that was always "already" there in our faith (latent for the inquiring soul).

But very few people read Marías aside from his *History of Philosophy*, even though he has so much to say about so many things. I thought this was in need of urgent correction. It turns out I am not the first to think so. More than anyone in the last century, Harold Raley has been seeking to introduce Marías to the English-speaking world. He has published two books on Marías, as well as translated some of his works (importantly his *Biography of Philosophy*, which is distinct from the history). I was discouraged to realize that the latter was published in the 60s, and therefore that the author might no longer be writing. I googled his name and found an old email address on a website that had not been updated in years. I sent an email into the void, asking if he might be interested in writing a summary of Marías for *Mere Orthodoxy* for English speakers. One of the blessings of the internet is that it can connect profundity to audiences that might not otherwise come into contact with one another, and it was my hope that a *Mere Orthodoxy* piece would motivate scores of people to discover both Marías, and as it turns out, Raley himself.

I was delighted when Raley (now in his mid-80s) wrote back with cheerfulness and enthusiasm and immediately started working on the essay that you now have. This is almost certainly the only thing of its kind in English—a basic and accessible "big picture" intro to Julián Marías. Dr. Raley has been telling us all about Marías for years, and I am delighted that he has (at least) one more chance to tell us all about what we're missing. More than this, I am delighted and moved by Dr. Raley's example of service and kindness to all of us. I hope I am as productive and cheerful as he if I tarry this long on this side of glory.

I am also very grateful to Jake Meador and the work of *Mere Orthodoxy* for making this kind of project possible. We live in age of the internet, and while that brings many challenges, Christians should also think strategically about the ways in which it can be used to advance the cause of the kingdom of God. *Mere Orthodoxy* is increasingly becoming a key site of Christian education, publishing some shorter but also some longer essays that introduce the public to key Christian thinkers in our era. Jake's willingness to shine the spotlight on Marías (and on Raley) might be used of God to bring an extra dose of sanity to us in these bewildering times. May God increase the tribe of partners in the kingdom such as these. Now, take up and read.

A. The Ortegan Propaedeutic: The Theory of Radical Reality

The philosophy of Julián Marías (1914-2005) incorporates, refines, and expands the metaphysical system of José Ortega y Gasset (1883-1955).[132] From an early age until shortly before his

---

[132] The most comprehensive writing on Marias' relationship with Ortega and dozens of other notable figures of his time is his three-volume autobiography *Una vida presente* (best translated as "A Life Recalled). Madrid. Alianza Editorial, 1988-89. Unfortunately, neither this nor several other important writings have been translated into English. English-speaking readers may rely for general guidance on the following works: Victor Ouimette, *José Ortega y Gasset*. Boston, Twayne, 1982; and Patrick Dust (Ed.) *Ortega y Gasset and the Question of Modernity*. The Pimus Institute, Minneapolis,1989. For the first of Marías' volumes on Ortega, see *Ortega:*

death, Marías wrote copiously on many topics: philosophy, history, literature, cinema, biography, sociology, religious questions, and geopolitical matters, including books on countries and cultural analyses, particularly the origins and originality of Spain and the salient features of Western civilization.

Although he differed with some Ortegan hypotheses and applied the system to areas untreated by Ortega, including history and religious themes as his theories expanded in breadth and depth, Marías never wavered in his conviction that the Ortegan metaphysical system of "radical reality" was the most comprehensive method for understanding human life. Despite years of official pressures and censorship, which led to exile in the case of Ortega and imprisonment for Marías, both thinkers were popular writers with large followings.

If Ortega wrote at "the height of the times," to use his expression, Marías did so at "the depth of the times," as he put it. Together they created a philosophy that despite its uniqueness, or perhaps because of it, has yet to make notable inroads outside of Spain and parts of Hispanic America.

We shall take as our starting point *Persona* (person [1996]), one of Marías' last books. In the Prologue he summarizes decades of thought on the reality of the human person with these words: "This work aims at an understanding of the human person, the most important and yet the most mysterious and elusive reality

---

Circumstance and Vocation. Norman, Oklahoma, the University of Oklahoma Press, 1970. This writer's two books on Marías may also be consulted: *Responsible Vision: The Philosophy of Julián Marías.* Clear Creek, Indiana. The American Hispanist, Inc. 1980; and *A Watch over Mortality: The Philosophical Story of Julián Marías*. Albany, SUNY Press, 1997.

in this world and the key to all true understanding. The surprising thing is that despite this truth it has been tenaciously ignored. Throughout its long history, philosophy has given it little thought; theology somewhat more, but with a fundamental limitation: it has delved into the reality of the divine persons even though lacking an intuition regarding them and without accounting for the fact that their attributes differ essentially from those that apply to human persons."[133]

He points out that the reasons for this omission are, first, deficient methods of presenting the problem and, second, a lack of adequate categories for treating the human person without falling into biologism, on the one hand, or phenomenological idealism on the other.

For seven decades the creation and application of dialectical remedies to these and related deficiencies had been his untiring quest, a task implicit and imperative in the metaphysics he inherited from Ortega. As he neared the end of his life, Marías

---

[133] Julián Marías, *Persona*. Madrid, Alianza Editorial, 1996, p. 9. (Unless otherwise indicated, this and subsequent translations are by this writer.) *Persona*, along with *Mapa del mundo personal* (Map of the Personal World [1993]) and *Razón de la filosofía* (Reason of Philosophy [1993]) are as deceptively slender in volume as they are profoundly rich in content. Having laid the foundation of his doctrine in earlier works that were necessarily more extensive, *Metaphysical Anthropology* (1970), for example, Marias was able to draw conclusions in his final books with admirable linguistic economy and conciseness. It is important to note, however, that each of his scores of writings has its own exegetical sufficiency, which lends them individual clarity and collective cohesiveness. Of these works, only *Metaphysical Anthropology* is available in English.

declared that having done what he could to develop a coherent philosophy of the human person he must now leave it in God's hands to do with it as he would. In due course we shall return to *Persona* to extract certain results of his efforts.[134] First though, we must ask for more specifics. How can we speak of omissions and deficiencies regarding personal reality when probably nothing has been more prominent in contemporary Western philosophy than the theme of human life? For Marías this prolific commentary is a part of the problem and the cause of much confusion.

Western thought, he tells us, has always marched in step with the assumption that man is a thing: organism, animal, ego, psyche, consciousness, spirit, and similar designations, all of which are "things" in a physical or ideal sense. This assumption informed the age-old question, *what* is man?, a question which,

---

[134] In his comprehensive study (589 pp.), *Julián Marías: Apóstol de la divina razón* (Apostle of Divine Reason [2017]), Fr. Enrique González Fernández, friend and disciple of the philosopher, documents several trying episodes of Marías' life either unreported by other researchers or mentioned only in passing. These included a long period (1939-1952) of persecution, marked by betrayal, imprisonment, and verbal assaults by Marxists, reactionary clergy, and Franco sympathizers; and the final years of his life (2000-05) during which he lay bedridden with intense pain but without protest and with Christian resignation. He remained alert and creative to the end. (In his last letter to this writer in 2004 he told of reviewing from his bed and from memory all his writings and reciting hundreds of pages of beloved poetry in several languages. He was blessed with a photographic memory that enabled him to write quickly and review comprehensively, rarely needing to consult primary sources.

in turn, presupposes a definition.

But if man is not a thing, but a reality of a totally different kind wherein these things appear, as we learn in Ortegan metaphysics, then the presupposition is invalid and can lead only to error. For Marías, *what?* presupposes things, objects, and abstractions, and for that reason cannot apply to persons. The proper interrogative for the latter is *Who?*, which sends Marías in another direction entirely. We shall retrace and summarize his dialectical journey in this writing.

Marías calls Ortega the "discoverer of a new continent of philosophy," and describes his own role in their association as "filial": "inexplicable without him; irreducible to him."[135] But this relationship should not be mistaken for subservience. The "empirical theory" of personal reality that informs his mature writings complements and completes the "analytical theory" of life in Ortega. Although there is no mention of the "empirical theory" in the Ortegan writings, their combined philosophy constitutes a challenge to both the cerebral reality of the phenomenologists and the materialist doctrines of the realists.[136]

---

[135] *Obras*, Vol. II, xxiii. Elsewhere he comments with fine irony that unlike what usually happens in human genealogy, in philosophy it is the son who recognizes the father.

[136] Marías explains that even though he became aware of the missing "empirical theory" as early as 1947 and made formal reference to it in 1952 ("Human Life and its Empirical Structure"(*Obras*, IV, 341-347), not until 1968 was he prepared to attack the problem frontally. For even though the ideas were formulated, the stylistic innovations required for their proper expression were not. In his brief prologue to the work mentioned above Marías gives the sequence of works leading up to the complete theory.

The transition for Marias from a loyal disciple to a creative philosopher in his own right involved the Ortegan discovery of "radical reality," that is, circumstantial human life itself, which is not a thing or the sum of things, as realists plead; nor is it the mind and its cognitions, as the idealists hold. All these assumptions and their corollaries have a derivative validity, but the all-encompassing reality is the radical reality of "my life," the life of each person, not life in a biological or psychic sense but as we use the expression uncritically in everyday experience.[137] In it, and nowhere else, do we meet or discover all other realities, real and unreal, trivial and transcendent, evidential and transmuted, mundane and mysterious, holy and unholy. The modes of encounter are many. Phenomenologically, I may discover things perceived to be infinitely remote and much greater or smaller than I: from stars and galaxies to quantum particles or waves; others appear to be intimate and real, though free of material form: love, faith, and friendship; similarly, still others manifest sensorially or psychologically as pains, intuitions, dreams, dreads, hopes, doubts. Probably nearly everyone has pondered the unimaginable magnitude of the Cosmos and the physical puniness of mankind. But as Marías reminds us, the reverse is also true: The Cosmos is also in me as a part of my circumstance.

Although my circumstance includes everything around me, including my own body, my history and physical setting, only a fraction of it is material. Nor is a thing forever condemned to dimensional singularity, as seems to be generally the case in

---

[137] Here we also use the term "thing," as Ortega used *cosa*, its Spanish equivalent, in the conversational meaning of anything nonspecific or unknown.

animal life. In common experience and from my native perspective, sticks and stones may seem to be trivial things, but for a scientist, chemist, or paleo-archeologist whose perspectives and perceptions have been cognitively enhanced, the encounter may reveal other features: geological age, chemical composition, or as relics of human cultures.

Likewise, "No man has ever seen God," the Scriptures tell us, yet I perceive his handprint in creation or in the mystery of his transcendent absence. Squared circles are impossibilities in any real sense. Yet all these and other things and beings—trite, transcendent, or impossible—appear only in the all-encompassing reality that is my life. My body, or organic being, is also a part of my circumstance. I discover myself in life as a physical being, as "some-body," already living, already named, and thus already socialized by language and associations with other persons, known and unknown.

All this, and more, is implicit in the Ortegan *cogito*: "I am I and my circumstance." It includes my physical person, psychic and somatic states, and the entirety of my possible—and impossible—world, from nearest atom to farthest star. All this implies that my "radical" encounter with all other realities is not passive, but proactive, not a *tabula rasa* that merely receives or records impressions, but an encounter that is also interpretative, an encounter we call living.[138]

---

[138] *Meditations on Quixote* (*Obras*, I, 1914, pp. 365-400) was the first mature version of "radical reality". But though a mature statement of his doctrine, the second iteration in *¿Qué es filosofía?* offers a greater explicative context. See the essay included in this volume: "Reflections on Ortega y Gasset's *¿Que es filosofía?*"

Were we limited to phenomenological perception alone, we could not distinguish between dangers and delights, and I would be helplessly subject to every possible peril. Things appear to me and, in turn, I release their immediate significance necessary for their manifestation and my need to make and live my life. This means that my circumstance and I need each other in order to be who I am and what it is. I know by interpretative perception that an approaching tiger I see may devour me unless I defend myself. Likewise, an artifact may appear to me variously according to circumstances as a religious icon, a work of art, a tool, a cultural relic, or as a weapon to ward off the tiger. My circumstance offers possibilities, but if I would live well, it is up to me to choose or release its superior options. The Latin verb *eligere*, to choose or select, is the root of *intelligence* and closely akin to *elegance*. In this sense, to humanize any circumstance is to release intelligently its superior, elegant features that enhance my life. In the last analysis, therefore, all the persons and things I encounter in my appear on a value scale proportionate to who I am, how I propose to live, what I reject, what I know, and what I fail to know.

In an age characterized by regressive human reductionism, Ortega sought to reenchant the world.[139] If existentialist J-P.

---

[139] Although Ortega does not dwell at length on the person of Don Quixote in the *Meditations*, the pathetic knight errant incarnates the leit-motiv of the work. Authentic life is heroic, Ortega tells us, for it consists in the boldness to be oneself by overcoming limiting custom and convention and initiating an original gesture (*Meditations*, p. 390). Elsewhere Ortega declares: "The hero has no customs; his life is an incessant creation" (*Obras*, II. Madrid. Revista de Occidente, 1963, p. 178). Don Quixote himself responds to all who ridicule him by stating categorically: "I know who I am."

Sartre dismissed mankind as "a useless passion," and poet Matthew Arnold described a drear world that offered neither "hope nor help for pain," Ortega set out on a happier quest with these words: "There is in all things the indication of a possible plenitude. An open and noble soul will feel an ambition to perfect it, to help it achieve that plentitude. This is love—the love of the perfection of the beloved."[140] His "tactical turn" away from the personal gloom and narrowness of late modernity was to become the foundation on which Ortega—and Marías to an even greater extent—built their more hopeful doctrines.[141]

A parallel movement, the twentieth-century revolt against the idealistic philosophy that had been in vogue in several iterations

---

[140] *Obras*, I, p. 311 ff. Ortega then adds these comments: "In these essays I wish to propose to readers younger than I, the only ones to whom, without immodesty, I can address myself, that they expel from their spirit all habits of hatred and aspire mightily that love may return to administer the universe." He goes on to define philosophy as "the general science of love." In a moment of similar inspiration, Marías declares: ". . . reality is marvelous. Its inexhaustible richness appears to the eyes of the one who dares to look upon it. Hence the intense pleasure that accompanies philosophy when it is contemplation, interpretation, apprehension, and possession of reality" (*Razón de la filosofía* [Reason of Philosophy]). Madrid. Alianza Editorial, 1993, p. 236.

[141] Ortega retained his brilliance but lost much of his youthful optimism as age and bouts of illness and perhaps depression seemed to sap his earlier exuberance. Among other forebodings, he declared in 1952: "Western civilization has died a beautiful and honorable death." *Obras*, IX, p. 660. On the other hand, Marías, who was firmly grounded in his faith, exuberantly healthy until an advanced age, and positioned solidly in a supple metaphysical method, wrote many of his best books in old age.

beginning with Descartes and culminating in Husserl was not simply abandoned in the Ortegan doctrine. Instead it became an instrumental component of a superior metaphysics in Ortega and Marías.[142]

In 1957 Marías began writing a long book on Ortega's original contributions to philosophy: *Ortega: Circunstancia y vocación* (Ortega: Circumstance and Vocation 1970). His chief reason for undertaking a task that took him more than two years to complete was because, as he put it, "Ortega counted on him." But it was much more than the fulfillment of a personal pledge. Ortega had departed, but his philosophy was still present, and it was important to remind readers of his insights before his influence and intellectual profile faded from the public mind. Besides, Ortega had the puzzling trait of leaving works unfinished or never written at all. His promised but unpublished *Aurora de la razón vital* (Dawning of Vital Reason) is a major case in point. Even his most celebrated book, *The Revolt of the Masses* (1930), which attracted worldwide attention and established him as a major European philosopher, ends abruptly without exploring the enticing themes announced in the concluding

---

[142] After first describing phenomenology as "a stroke of good luck," Ortega realized by 1913 that it could not be the philosophy that he and his German classmates were seeking. By the time he returned from Germany in 1912 Ortega had in place the three main elements that would culminate in his own philosophy in 1914: (1) "my life" as the irreducible "radical reality"; (2) the theory of circumstance, the "other half" of one's own life," which must be understood not in the environmental or organic senses it acquires in Uexküll but as interactive situational being; and (3) descriptive perspective, the Husserlian core of what he learned in Germany.

chapter. For Marías, whose succinct definition of philosophy is "Responsible Vision," Ortega's contributions, perfected or not, were too important to let slip away. As Marías saw it, to save and complement Ortegan thought was to consecrate an important dimension of Spanish and Western culture.

Nor did his loyal association with Ortega wane with time. Twenty-six years later, in 1983, he returned to Ortega in another major book, *Ortega: las trayectorias* (Ortega: The Trajectories). By this time, Marías himself was a noted thinker and the author of several important books, including his bestselling *History of Philosophy*.[143] In the intervening years he had acquired a large following; many of his books were bestsellers, including his trilogy on the transition of Spain from dictatorship to democracy, and several were translated into English, Portuguese, and Italian. Later, among other achievements, he was a participant in Vatican II, a popular lecturer in Europe, North and South America, a journalist whose columns appeared in the leading newspapers of Spain, Argentina, Brazil, and, sporadically, the United States, visiting professor at Wellesley College, Indiana University, the University of Oklahoma, and lecturer in many others, recipient of several awards and prizes for literary excellence, and to the displeasure of the Franco regime, since 1964, member of the

---

[143] Marías was twenty-six when he completed the work in 1940. Exiled at the time in Argentina and without seeing the manuscript, Ortega nevertheless approved its publication by Revista de Occidente, his family-owned press. The book appeared in 1941 and sold out in three days. Since then it has gone through dozens of editions and reprintings—more than eighty at last count—and has been translated into several languages. It must certainly rank among the most widely sold philosophical books of the modern era.

Royal Spanish Academy in 1964.

After his death, Ortega's scattered papers were collected and published as Volumes X and XI of his complete works. Some, so Marías complains, were not meant for publication, but consisted of scribblings, prompts, random ideas, notes to himself, and annotations taken out of context. Ortega was generally acknowledged as the peerless prose writer of his generation, who according to novelist Pío Baroja, spoke even better than he wrote. [144] But sporadic bouts of illness, years of exile and censorship, and the exceptional range of his talents meant that he could not bring them all to fruition.[145]

---

[144] Pío Baroja, *Obras completas*, Madrid, Plenitud, 1947, 755. From experience in translating both Ortega and Marías (more the latter than the former), this writer can verify what other translators have experienced: Ortega's lyrical prose does not lend itself easily to translation into English, whereas what writer Enrique Lafuente has called Marías' "diamantine" style does so readily. Consequently, while Marías is recognizably himself in English, the anglicized Ortega sometimes sounds unflatteringly melodramatic and overblown.

[145] For an English-language guide to Ortega, this writer recommends Victor Ouimette's *José Ortega y Gasset*. Boston: G. K. Hall, 1982. Also, Patrick Dust, (Ed.) *Ortega y Gasset and the Question of Modernity*. The Prisma Institute, Minneapolis, 1989. Among the thousands of writings on Ortega in many languages, Distinguished scholar Anton Donoso and this writer collaborated on a volume of secondary sources on Ortega: *José Ortega y Gasset: A Biography of Secondary Sources*. Bowling Green, Ohio, Philosophy Documentation Center, 1986. The volume contains 4,125 entries, and hundreds of additional studies have appeared since. For insights on Ortega's intellectual trajectory I venture to recommend also my essay (included in this volume): "Reflections on Ortega

Marías explains in his books and essays on the Ortegan doctrine that Ortega returned from his studies in Germany in 1912, wrestling with two perplexing problems: (1) the imposing presence of Miguel de Unamuno (1864-1936) and (2) what he perceived to be the shortcomings of Husserlian phenomenology. Unamuno, Spain's foremost philosopher at the time, passionately opposed scientific rationalism and the deleterious impact of modernity on traditional Spanish culture. His major book *Del sentimiento trágico de la vida* (1913), (The Tragic Sense of Life), was a formidable challenge to Ortega's own emerging doctrine. Although Unamuno had little, if anything, to say in print about phenomenology itself, which at the time was still central to Ortega's thought, he rejected out of hand its Cartesian ancestry: "The methodical doubt of Descartes is a comic doubt, a doubt purely theoretical and provisional—that is to say, the doubt of a man who acts as if he doubted without really doubting."[146] He dismissed as "simpletons" the young Spanish "Europeanizers" led by Ortega who were committed to bringing isolated Spain into the European cultural orbit. Nevertheless, the two philosophers were cordial toward each other without being close, and Ortega wrote panegyrically at Unamuno's death in 1936 that without Unamuno "an atrocious silence" had settled over Spain.

---

y Gasset's *¿Qué es filosofía? Revue Internationale de Philosophie.* Directed by Francesco de Nigris, Brussels, Belgium, No. 1, 2015, 69-92. The issue includes insightful essays in French by noted Ortega and Marías experts: Francesco de Nigris, Ignacio Sánchez Cámara, Enrique Gónzalez Fernández, and Nieves Gómez Alvarez.

[146] Miguel de Unamuno, *The Tragic Sense of Life*. Macmillian and Co., London, 1931, 107.

Despite their many differences, Unamuno shared with the young Ortega and many other European thinkers of the era an intuition that was to prosper extraordinarily in Marías: the conviction that the human person was emerging as the prime theme of modern, or post-modern, European philosophy. Yet it was hampered by the linguistic and conceptual inadequacy of traditional language to express it. Philosopher Max Scheler (1874-1928), for instance, declared that for the first time in the 10,000-year recorded history of mankind human reality had become problematic and more to the point that the human being was now indefinable, not a definitive reality at all but "a becoming," "a between," "a self-transcendent being."[147]

Probably neither Ortega nor Marías would quibble with the gist of Scheler's statement. The German thinker's influence on Ortega is well documented. But as master writers who possessed a solid knowledge of German, both Spanish thinkers might well cringe at Scheler's awkward wording. But if the German language was deficient, obscure, or at least tentative, in dealing with the emerging concepts of personhood, equally so were Spanish, English, French, and all other European languages. No wonder, then, that both Ortega and Marías, each in distinct yet related ways, set about to develop more supple vocabularies to express their new philosophy. They did so not by drawing terminology primarily from classical Greek and Latin, as philosophers had done for centuries, but by investing

---

[147] Max Scheler, *Vom Umsturz der Werte* (1972) (On the Overthrow of Worth). Ed. Maria Scheler. Bern, Gesammelte Werke, Franke Verlag, 1972, III, 186. Scheler's comment demonstrates both the importance of the concept and the linguistic inadequacy of the era to describe it.

contemporary language with expanded meanings. Though proficient in both ancient tongues and several modern languages, Ortega and Marías were not cloistered thinkers who wrote primarily for other philosophical specialists, but popular writers whose primary aim was to communicate with conceptual clarity and persuasive force with all readers. Jean-Paul Sartre once asked with rhetorical condescension whether Ortega was anything more than a mere *journaliste de genie* (a clever journalist). But though crass in intention, the quip was unintentionally complimentary in fact. Ortega took it upon himself—and Marías equally so in his time—to introduce contemporary thought to the Spanish and Hispanic publics, and if he could not reasonably do so in formal treatises and tomes, he would turn to newspapers and public lectures in common but eloquent vernacular. As a result, common readers seemed to understand Ortega and Marías as well as specialists who were accustomed to esoteric language and sometimes seemed displeased that mere philosophic amateurs dared intrude with fervor and enthusiasm in intellectual areas hitherto closed to them. Ortega's celebrated quip that in order to persuade, one must first seduce, underscores his exegetical point and authorial principle.[148]

---

[148] Two eminent American scholars, Nelson Orringer and Philip Silver, have argued that Ortega owed much more to Germany than he admitted. In his *Ortega y sus fuentes germánicas*. Madrid: Gredos, 1979, 375 pp., Orringer claims that most of Ortega's ideas can be traced to German thinkers. Silver says that Ortega remained a phenomenologist all this life: *Ortega as Phenomenologist, The Genesis of Meditations on Quixote*. New York: Columbia University, 1978. 175 pp. In other writings this writer has rejected both theses, first by pointing to Ortega's own grateful admission of his indebtedness to his

Marías has much to say on Ortega's *cogito*, "I am I and my circumstance," a concept that appears for the first time not in the German thinkers, who progressed no further than the concepts of physical *Umwelt* and existential *Dasein*, but rather in *Meditations*. Let us hear the comment in its entirety: "If Ortega had said simply 'I and my circumstance', he would not have achieved the philosophical innovation that he does in *Meditations on Quixote*. Such a formulation would be acceptable, in the last analysis from a realistic or idealistic perspective, provided one does not lose sight of the fact that the subject refers to an object. When Fichte speaks of the contraposition 'I and not-I' (*Ich und nicht-Ich*), or when the mature Husserl, extracting the final consequences of the idea of Brentano's intentionality, attempts to

---

German professors and, second, that nothing like Ortegan philosophy can be found in Germany. This dismissive disposition on the part of several scholars is based most likely on the pedantic notion that a philosopher's sources and influences are his or her destiny. Speaking of his own relationship to Ortega, Marías writes: "… it is not fidelity to the past; it is fidelity to the future. By this I mean fidelity to the projects and endeavors, to the objective." *Innovación y arcaísmo* (Innovation and Archaism), Madrid. El Alción, 1973, p. 19. On a related topic, Helio Carpintero, psychologist, philosopher, and disciple of Marías, reminds us that Marías owed much to several teachers: the philosophy of radical reality in Ortega; the primacy of the person in Unamuno, and the theme of God in Xavier Zubiri. It is this regard, it is significant that Marías' first book was on Unamuno, not Ortega. In several untranslated books Carpintero offers many insights into Marías' doctrines, for instance, *Julián Marías, una vida en la verdad*. Madrid, Biblioteca Nueva, 2008. This is one of many books by eminent Spanish and Latin American scholars that cry out for translation.

correct the Cartesian *Cogito* with the formula *ego cogito cogitatum* (I think about thinking), they are left with only an intentional reference.[149] They mistake method for reality.

Ortega had stated in *History as a System* that his philosophy does not arise from "Greek calends" but from life in *fieri*, in its ever preemptory and progressive happening, which properly speaking cannot be detained for static analysis, as Husserl proposed with his notion of reduction, or *epokhé*. The forward movement of life inherent in the Ortegan doctrine corresponds to the forward, or "facial," description of living in the empirical theory of Marías. As for the notion "consciousness of" as the prime reality in Husserl, Ortega points out that consciousness of reality cannot also be reality itself. If "consciousness of" is equivalent to the ego, or the "I", then it cannot be inside itself, for life is outside, directed toward the outer world. To claim otherwise would be a contradictory tautology. At this juncture he leaves Husserl and expounds his own doctrine of "radical reality".[150]

---

[149] *Ortega. Circunstancia y vocación*, 380-81.

[150] In *Obras completas*, Vol. VI, 22. In this same context Ortega makes the startling statement that man does not have a nature; what he has is a history. This is why he declares that "man is the novelist of himself," and that if we would understand anything truly human, we must tell a story. For his part, Marías states in *Metaphysical Anthropology* that each human life is understandable by narrating it (*Op.Cit*, p. 87). Hence the close affinity of drama and philosophy in Marías. In private correspondence to this writer shortly after the publication of *Metaphysical Anthropology*, Marías expressed disappointment that readers were treating the work as a text or treatise and not as the dramatic work with internal movement he intended it to be.

Marías explains that "The decisive factor is the first 'I' in the Ortegan formula, the one which does not simply 'signify' but which designates or *denotes* and points to me, to my reality."[151] He concludes with this bold assessment: "The torso of this submerged 'iceberg' on which rests the celebrated theme of *Meditations on Quixote*, is nothing less than an original presentation of the central problem of metaphysics. It surpasses idealism but does so without falling anew into realism."[152]

While *Meditations on Quixote* was the first mature exposition of the doctrine of the radical reality of human life, Ortega offered a fuller version in the eleven public lectures delivered under the rubric "*¿Qué es filosofía?*" (What is Philosophy?) in 1929. The popular response to these lessons, a public phenomenon that featured overflow crowds and Ortega at the peak of his fabled rhetorical brilliance, convinced him that he had freed European philosophy from the sick ward of idealism: "We are now outside the confines of the ego, the sealed room of the sick, a room made of mirrors that despairingly reflected back to us our own profile. We are outside, in the fresh air, our lungs again open to the cosmic oxygen, our wings ready for flight, and our hearts directing us to that which is lovely."[153]

Ortega lived and continued to write for more than two decades, but though he remained a revered public icon to the end, never again would he rise to the euphoric levels just described. With his passing in 1955, responsibility for their philosophy fell almost wholly on Marías. To be sure other

---

[151] *Ortega: Circumstance and Vocation*, 381-82.

[152] *Ibid*, 395.

[153] *Obras completas*, VII, 411.

intellectuals studied Ortega, but only Marías continued to create and expand the doctrine. For forty-five years he responded to the challenge with his characteristic energy and in keeping with his lifelong motto: *"Por mí que no quede,"* which corresponds roughly to "I do my part."

Hear now what he did.

B. Marías and The Empirical theory of Personal Reality

We said earlier that of all the disciples, colleagues, and associates of Ortega who formed what is commonly referred as "The Madrid School of Philosophy," Julián Marías remained the most loyal and dedicated not only to Ortega personally but also to his philosophy, particularly his metaphysical doctrine of life, or more exactly, "my life," the life of each person, as the "radical" or "root" reality.[154]

---

[154] Except for the first five years of his childhood in Valladolid and a year away from Spain as Visiting Professor at Wellesley College (1951-52), Marías lived the rest of his life in Madrid. But until well into old age by conventional standards, his well-traveled itinerary took him regularly to North and South America, and on other occasions to many countries. In Madrid he studied under Ortega and other illustrious members of the "School of Madrid." There he met and married (in 1941) classmate Dolores Franco y Manera with whom he had five sons. He recalled with nostalgic fondness his years at the University of Madrid: "The School of Philosophy and Letters of Madrid during the years I spent there—1931-36—was a marvel to behold . . . a school of fellowship, veracity, intellectual rigor, respect, and freedom. My debt to that school can be repaid in only one way: by being faithful to it, to what it was for five years and should have been forever."

At this point, always bearing in mind Marias' contributions to what toward the end of his life Ortega began calling "our philosophy," it is important, so it seems to this writer, to mention differences between the two philosophers. Unlike Ortega, for example, whose religious beliefs remained something of a mystery, Marías, though ecumenical by his generous spirit toward all Christians because of their common origin, was devoutly Catholic and unfailingly faithful to the Church, its sacraments and dogmas, particularly as they relate to the dignity and uniqueness of persons. But his faith was by no means blind. Quite the contrary; not only did he profess Christianity; insofar as possible and in keeping with scriptural injunctions, he sought to understand it. Intellectually he was persuaded that Christian truth could withstand any human test or doubts regarding its veracity. It made sense for him that truth was rendered stronger when revealed truth converged with the discoverable truth of science and philosophy. Creation, and most of all, human creation, was intelligible precisely because it appears intellectually and philosophically as creation and reveals an order suggestive of an intelligent Creator.[155] For this reason, unlike Ortega, Marías did not hesitate to direct his own critical

---

[155] Marías gives an overview of his thoughts in *The Christian Perspective*, Houston. Halcyon Press, 2000 (H. Raley, translator). He admired C.S. Lewis and took a similar stance on many aspects of "mere" or pure Christianity. In this spirit he questioned the validity of certain "accretions" added over the ages to core doctrines and was pleased with the innovations of Vatican II. He resisted the notion, common to some religions and certain sects of Christianity, that all truth is contained in holy writ. Christianity, he explains, is not the entirety of truth, but the light by which we may discover truth.

thinking to transcendent themes of personal creation, death, and immortality. It was Marías who explained how the philosophy of radical reality coheres to a surprising degree with Christian theology and its vision of human life. He suggested that Ortega had little to say on these topics because Unamuno had said so much about them.[156] And can one fail to suppose that the clerical attacks directed against him banished any wish to comment publicly on theological and ecclesiastical matters? Yet when Ortega was asked directly about his religious beliefs not long before his death, he said simply "I have always been in God's hands."

Here let us clarify several points. We have seen that Marías inherited the foundation of his own doctrine in the form of the Ortegan metaphysics of "Radical Reality" embedded or implied in the formula, "I am I and my circumstance," adding for the sake of clarity the other half of the *cogito*: "and if I do not save I do not

---

[156] Marías made these and related comments in an unpublished lecture delivered in Soria (1973) the contents of which were made known to me by Marie-Claude del Agua. Other published works coincide closely with this lecture. This writer has compiled many of them in *Responsible Vision*, *Op. Cit.*, pp. 29-57. The youthful Marías hoped that Xavier Zubiri, his university professor and author of *Naturaleza, Historia, Dios* (Nature, History, God), Madrid. Editora Nacional, 1963, would develop a truly Christian philosophy. It was not to be. In 1993 he commented: "For a long time I have thought that the only acceptable meaning of the expression 'Christian philosophy' is the philosophy of Christians as such, that is to say, that conceived from the perspective in which they find themselves as a consequence of the religious condition that causes them to look in certain directions . . ." (*Razon de la filosofía*, p. 284).

save myself." But now we must ask ourselves, is this not a mere play on words? Is not the philosophy of human life the same as the philosophy of the person as modern thinkers generally assume? What else is there to say after we have described human life as the "radical reality" in which all other realities are "rooted"? The answer is almost everything related to the reality of personhood. Consider its features.

Human life has a structure that we discover by means of an analysis of "my life," in the sense implied earlier, that is, not primarily a formal scientific or philosophical analysis but by the manifold art of living. This analysis of my life, the only life directly accessible to me, reveals the conditions or requisites without which "my life" would not be possible, which means that they must apply in each life and are therefore universal. These conditions include, in the first instance, circumstance itself. In our case the circumstance is earthly, though theoretically it would hold for any and all worlds. The analytical theory implies many things but omits even more. It does not differentiate between the sexes, nor does it speak of sexuality, friendship, and love. Even less does it mention a range of characteristics which Marías describes as "sexuate."[157] These, he explains by means of the neologism, are all those features which without being specifically sexual or sexist, are nonetheless conditioned by one's gender: pink clothes for baby girls, blue for boys; customs and dress codes that apply, or have applied, to women; others for

---

[157] This writer introduced the neologism *sexuado* into English as the cognate "sexuate" in several studies and translations, all the while thinking of the errors that Freudianism and related branches of psychoanalysis could have avoided had the differences between "sex" and "sexuate" been clearly known.

men; socially approved names for boys and a corresponding list for girls; and "intersexuate" friendships, a topic to which Marías gives much attention in two books on women. [158] Sexual relationships may be confined to certain ages and times, but sexuate dress, attitudes, customs, and even speech and behavioral patterns continue throughout life, from the earliest childhood to old age. And they hold true for the celibate as well as the married.

To the "radical reality" of human life that Ortega explored in *Meditations on Quixote*, there corresponds the complementary assertion of personhood that Marías describes in *Metaphysical Anthropology* (1970 [English version 1971]): "If now we return to the rigorously philosophical point of view, that is, to the perspective of radical reality, to the intrinsic theory itself, one form of which we call metaphysics, if we attempt to see man from *life itself*, and strictly speaking, from my life, previous to all interpretations, especially the scientific ones, we see that his life takes place as a *man*, in the precise way we call humanity. Man,

---

[158] *La mujer en el siglo XX* (Woman in the Twentieth Century), Madrid. Alianza Editorial, 1980; and *La mujer y su sombra* (Woman and her Shadow), Madrid. Alianza Editorial, 1986. In addition to his many insights, Marías' writings on woman may be seen as correctives to the inveterate notion that friendship between men and women is either impossible, censurable, or covert or sublimated sexual attraction. Indeed, he believes that these heterosexuate friendships are among the richest and most rewarding of human relationships. Both books honor many women, and above all his wife whose death in 1977 caused him to suspend his writings for more than a year. The quality of his writing never dipped, but only gradually did he begin to regain a measure of his former spontaneity.

therefore, is not a thing, nor an organism, nor an animal, but rather prior to all this he is something much deeper: *a structure of human life.*[159]

Here Marías faced a problem: is it possible to pass directly from the analytical structure to the individual reality of the person as such? The answer is no, as Marías points out by using Cervantes as an example: "This is what has been missing in the doctrine of human life: the zone of reality what I call the *empirical structure*. To it belong all those features, which, without being ingredients of the analytical theory, are not chance or casual occurrences in the life of Cervantes, but rather empirical elements that are also structural and therefore previous to each individual biography: these features we count on since they function as the underlying assumption of each life."[160]

For instance, we read that Cervantes lost the use of an arm in the battle of Lepanto, and we deduce that he had arms. Likewise, we learn that he was married to Catalina de Palacios, and thus we know that he was a man and could have a specific relationship with a woman. Then we read that he wrote *Persiles* in his old age and died in 1616.

None of these things surprises us, for these and other features and occurrences are usual and function as norms and expectations. Yet none appears in the analytical theory. It does not speak of marriage and mortality, nor mention limbs, and old age. It admits the linguistic dimension of human life but has

---

[159] *Antropología metafísica* p. 84. Citations in this essay refer to the Spanish language version. As stated earlier, both Marías and Ortega wrote for vast publics and with a minimum of technical language.

[160] *Ibid.*, p. 89.

nothing to say about actual languages. None of these and other features is a requisite of human life. Yet they belong to it empirically as human life actually appears and as we discover and expect it to be. We are not startled to see a person with two eyes and ten fingers, for these are empirically based expectations. Theoretically, human life could take many other forms, as science fiction reminds us, but in this world the empirical structure of human life appears in certain forms. Yet this empirical structure of human life is susceptible to change. As Marías notes: "Seen from this perspective, the empirical structure appears as the arena of *possible human variation in history.*[161] Hence the justification of the title of Marías' most ambitious book: *Metaphysical Anthropology*. "Metaphysical" refers to the "radical reality" of human life as metaphysics, or theory of the real, while "Anthropology" is the science of humankind's empirical structure as modes of lived and possible experience.

"My life" is a gerund, a verb of continuing futuristic action or being, which in principle, and perhaps in fact, continues forever. Living is apprehending reality in its connectedness, which not by chance is also the description Marías offers for reason in general. In other words, living is the concrete form of reason and the form of understanding my circumstance in order to go on living. This means that as a futuristically-inclined being, I am not merely with things but instead that I am always doing something with them, something we call living. It happens dramatically and dynamically. In this sense, human reason is narrative reason, just as the life of societies and nations corresponds to historical

---

[161] *Ibid.* p. 91. The analytical structure occurs as stable, enduring forms; the empirical structure subject to change, lends itself most readily to narration.

reason. Definitions will not do. In order to understand a human life, we must think of it as a drama and tell it as a story. But if I live futuristically in the sense I have just described, I do so not in random disorder but within certain categories, which Marías calls "installations within my circumstance."[162]

Here we must distinguish between installation, which is a biographical concept, and spatial, physical, psychological, or historical categories, which apply secondarily to certain features. It is one thing, for example, to say that we are "installed" in a language and from it we interpret the world in a certain way, and altogether another to point out that language is subject to categories such as anatomy, physiology, linguistics, semantics, and logic. To say that I "live" in my language in a biographical way that precedes all attempts to objectify it, means that the "objective" features may acquire validity only after I "possess" my language biographically.

Other forms of installation include my bodily condition or corporality, the senses, the sexuate condition, age, race (as a cultural and historical precipitate), worldhood, and caste or social class. We are prepared to object that some of these

---

[162] Marías points out that because Spaniards have not had a long philosophical history and most of what they have written has been in Latin, not Spanish, philosophers in other languages have not had the advantage—or the problems—of dealing with Spanish and its two verbs of being: *ser* and *estar* (from Latin *esse* and *stare*, respectively). While *ser* may refer to any form of reality—or unreality—*estar*, which is the source of *-stance* in circumstance, deals most often with placement. The interplay between the two verbs, as one would expect, is one of the difficulties speakers of other languages encounter in their study of Spanish.

installations may, or will, change (age and thus corporality, and perhaps social class) until we remember that installations though relatively stable over time, taken as a whole they are the structures of life wherein changes or modifications are possible. This is why they invite narration. Life is what I do within my forms of installation in the world and what happens to me as I live. In Marías' words, "The forms of installation are, therefore, forms of happening, or if you prefer, forms for happening, inseparable from happening, without which they would lack meaning and reality."[163]

Life is a matter of time, trouble, desire, and choice, and all of them tug at us with varying intensity. To these competing forces Marías gives the label of *vector*. Mathematically speaking, a vector is a directed magnitude, which when applied to human life means importance and significance measured in terms of desire. In life there is almost never a single vector or desire but several of varying intensity, and we must choose among the options. Some vectors, like distant worlds, exert only faint pressure on us, whereas others contend fiercely for our favor. When several vie, the compromise we choose may not coincide precisely with any of them. This desiderative plurality may be thought of as "slant" (*sesgo*) and "inclination." We are "inclined" in a certain biographical way, and this gives everything within our purview a certain "slant." As Marías explains: "Slant is the manner of being of things when they are realities lived from a vectoral structure," adding, "Things take a slant when they are struck by the vectoral arrows of biographical projects.[164]

---

[163] *Metaphysical Anthropology*, p. 88.

[164] *Ibid.*, p. 96.

My world is circumstantial, yet not passively so. I incline preferentially to things and they respond by assuming a certain slant relative to my biographical efforts to live my life. World is earth and cosmos extending as horizons, limits, and ideal ranges of my projective enterprise. As such, it is order and not chaos. Other forms of worldhood could, and may, exist, other circumstantial realms are possible, but empirically and as far as we know by experience, bodily human life takes place only within this earthly worldhood.

Yet the world is always more than we know, never exhausted, ever opulent in new possibilities for living. Now we acknowledge a singular fact that takes us empirically beyond the abstract designation of "human life." Our worldly installation occurs in two human modes: man and woman. By reconciling in *Metaphysical Anthropology* our common experience of "sexuate" and bodily life the general metaphysical theory of "radical reality" in Ortega, Marías takes full possession of his doctrine and methods. From now on he moves with familiar ease across the terrain of human life. With singular intelligence, eloquence, and sympathy he sheds light on the relationships of love, friendship, and hope that are the foundation of human life. And now with this said, we return to our starting point, *Persona*, to consider some of the final fruits of his labors performed from and within the full metaphysical theory, which he polished during Ortega's lifetime and completed in his.

The title *Persona* is as succinct as it is exact. It presupposes the metaphysical underpinnings of the general theory but concentrates on what was most important to Marías: the human person, or perhaps better said, the beloved human person. As he declares: "The highest perfection we know as reality is a person."[165] And we know that he spoke and wrote more about persons than any other topic. By means of the philosophy he helped create, combined with an uncommon intuition finetuned by a lifetime of observation, he was able to understand and value persons in all their uniqueness from within.[166] It seems fitting to remind ourselves that his purpose in *Persona*, and indeed in one way or another in all his philosophy, is to understand "the most important reality of this world, and at the same time, the most mysterious and elusive: the human person."

But if *Persona* is the final leg of a long philosophical journey, it is more than a mere summary of recapitulation of previous works. In the first place it is replete with original thoughts. Secondly, there runs throughout all his work a concern not only for concepts themselves but also for the proper literary genre in which to express them. For this reason, although we recognize his unmistakable style in every book he wrote, each one reveals stylistic innovations according to theme. We recall that his twenty-year delay in writing *Metaphysical Anthropology* was a case in point.

Marías was always busy and his agenda replete with projects and engagements, ye, curiously, he never gave the impression of being hurried or impatient. Somehow, he always had time to visit, write articles, and converse with friends. His writings are characterized by two unique qualities: stylistic courtesy and page quality. It was not simply that Marías wrote, as though in a

---

[165] *Persona*, p. 91.

[166] Those who knew Marías have remarked how perceptive he was about people. He appeared to discern character with a word and falsehood at a glance. He was all about truth and he inspired truthfulness in others.

vacuum, he did so with an image of his readers in mind, anticipating their questions and foreseeing their difficulties. An admired stylist, he acknowledged the risks of writing, but commented in *Persona* that not to run them was equivalent to running away from philosophy.

The presence of persons is the starting point of *Persona*. I perceive persons phenomenologically as incarnated beings, yet if I would begin to understand them, I cannot reduce them to the status of mere substance, not even rational substance, as philosophers once taught. Incarnation is the mode of human insertion in the world, but we transcend our physical being by living futuristically in plans and projects.[167] The things around me seem to be existentially sufficient and complete in themselves, but though physical beings ourselves and thus subject to the world's distresses, we live toward the future and thus to one degree or another transcend our physical limitations. This means that as persons we are partially unreal, ever emerging into further life. It also means that we dramatically articulate our past and future, unlike things that appear in themselves to possess neither dimension. This is why, Marías tells us, life admits of degrees, permitting disillusionment and desperation but also accommodating conversion and repentance in both a secular and religious sense.

Marías reminds us that chance may intervene to interrupt our plans.[168] But its intervention may not be all bad. He says

---

[167] *Persona*, p. 18. In this same context Marías observes that incarnation or bodily being offers a surprising analogy of human creation in *Genesis*.

[168] *Persona*, p. 25. Marías discusses chance and its significance for human freedom at length in *Metaphysical Anthropology*, pp. 257-267.

elsewhere that in human affairs chance sometimes breaks in to disrupt schemes and restore us to freedom. In the best of cases, it opens the way to a new and better destiny. For life, he tells us, must allow flexibility, the possibility of incrementation if we are positioned too low, or descent if we have gone too high. For much of our life may remain latent, mere possibility. Self-discovery comes late for some, but late or soon, the ancient imperative holds true: know thyself.[169]

The trivialization of personal life is anathema to Marías for it means that the person finds no meaning in living, or further, that there is no purpose in life and no reason to continue it, that it is an accident, an inconvenience, a tragedy. Whether there is an ultimate purpose in life is a question in which he has a passionate interest, for himself certainly, but probably more so for those he loves. But to trivialize it in ways that range from suicide and murder to mere indolence and indifference cannot be justified by anything in his philosophic *idearium*. On the contrary, to him the world is full of marvels and marvelous projects, the greatest of which is the project of oneself, for once created and placed in life, man makes himself.[170]

Marías reminds us that as persons we cannot think of ourselves as inexistent. For as we imagine our inexistence, we place ourselves there as living witnesses to our non-being. The notion is contradictory. At another level, he finds it surprising that people who cannot accept the total destruction of anything, can readily admit the absolute annihilation of the highest and

---

[169] *Persona*, p. 28.

[170] *Persona*, p. 86.

most intense reality that we know of: the human person.[171]

"Love in its different levels is the means through which we have living knowledge of other persons; through it we perceive and understand what is personal in them without the occluding factors that habitually intervene between them and us. This will prove to be the confirmation that the human person, before being intelligent or rational, is an *amorous creature,* a being created in love. The fact that this perspective has not been tried is perhaps the main reason why the meaning of what a person is has eluded almost the entirety of human thought."[172]

Although in these and similar comments he veers in sympathy with theology, Marías does so as a philosopher. His faith, never shaken, admits no doubt of human immortality, but as always, he seeks truth not only with his heart and soul but also with his strength and mind. He was not a person to do things halfway. Hear now his final written words on the matter of personal survival: "This leads us to consider the *unlikelihood* of annihilation of the human person. If we are obliged to accept as evident a person as a created being, then we have to consider and justify the sense of personal annihilation. From this perspective the continuation of a person appears to be coherent with the form of reality we have discovered in personal life."[173]

Julián Marías was a person of truth not only in his philosophy but also in his life. Shortly before his death an interviewer asked him what he was proudest of in his life. "Never having lied," he answered without hesitation.

---

[171] *Persona,* p. 175.

[172] *Persona,* p. 176.

[173] *Persona,* p. 176.

Bibliography

Baroja, Pío. *Obras completas*, Madrid. Plenitud, 1947.

Carpintero, Helio. *Julián Marías, una vida en la verdad*, Madrid: Biblioteca Nueva, 2008.

Donoso, Anton. *Julián Marías*, Boston. Twayne, 1982.

_____. *José Ortega y Gasset: A Bibliography of Secondary Sources*. With Harold Raley. Bowling Green, Ohio. The Philosophy Documentation Center, 1986.

Dust, Patrick (editor). *Ortega y Gasset and the Question of Modernity*, Minneapolis. The Primus Institute, 1989.

González Fernández, Enrique. *Julián Marías: Apóstol de la divina razón*. Madrid: San Pablo, 2017.

Marías, Julián. *Antropología metafísica. La estructrura empírica de la vida humana*, Madrid. Revista de Occidente, 1970.

_____. *Innovación y arcaísmo*, Madrid. Revista de Occidente, 1973.

_____. *La mujer en el siglo XX*, Madrid. Alianza Editorial, 1980.

_____. *La mujer y su sombra*, Madrid: Alianza Editorial, 1986.

_____. *Ortega: Circumstance and Vocation*, Norman, Oklahoma. The University of Oklahoma Press, 1970.

_____. *Ortega: Las trayectorias*, Madrid. Alianza Editorial, 1983.

_____. *Persona*, Madrid. Alianza Editorial, 1993.

_____. *Razón de la filosofía*, Madrid. Alianza Editorial, 1993.

_____. *The Christian Perspective*, Houston. Halcyon Press, 2000.

_____. *Una vida presente*, Madrid. Alianza Editorial, III vols. 989-90.

Ortega y Gasset, José. *Meditaciones del Quijote*, Madrid. Revista de Occidente, Vol. 1, 1963.

_____. *Obras completas*, Madrid. Revista de Occidente, XI vols., 1961-69.

Ouimette, Victor. *José Ortega y Gasset*. Boston. Twayne, 1982.

Raley, Harold. *A Watch Over Mortality: The Philosophical Story of Julián Marías*, New York. SUNY Press, 1997.

_____. "Husserlian 'Reduction' Seen from the Perspective of Phenomenological 'Life" in the Ortegan School," *Analecta Husserliana*, Vol. 36 (1991), 371-385.

_____. "Phenomenological 'Life': A New Look at the Philosophic Enterprise in Ortega y Gasset," *Analecta Husserliana*, Vol. 29 (1989), 93-105.

_____. "Reflections on Ortega y Gasset," ¿Qué es filosofía?, *Revue Internationale de Philosophie*. Directed by Francesco de Nigris. Brussels, Belgium. No. I (2015), 69-92.

_____. *Responsible Vision: The Philosophy of Julián Marías*, Clear Creek, Indiana. The American Hispanist, 1980

Scheler, Max, *Vom Umsturz der Werte*, Bern (Franke Verlag), 1972.

Unamuno, Miguel de, *The Tragic Sense of Life*, London. Macmillan and Co., 1931.

Afterword

Among the essays and articles omitted from this volume there is one—*apuntes para una filosofía cristiana en Julián Marías* (notes for a Christian philosophy in Julián Marías)—which though the shortest of my writings,[174] raises the largest of questions inherent in Western civilization: why is there not, and never has been, a truly Christian philosophy, that is, a universal system rooted in Christian teachings, principles and beliefs? Can this lack be because it is, or would prove to be, an impossibility? Marías raised these and similar questions as early as 1945 when he entertained the hope that Xavier Zubiri, author of *Naturaleza, Historia, Dios* (Nature, History, God), might someday prove to be the architect of such a unique philosophy. But by 1993 Marías had long since resigned himself to a lesser expectation: "For a long time I have thought that the only acceptable meaning of the expression 'Christian philosophy' is the philosophy of Christians" (*Razón de Filosofía*, Madrid. Alianza Editorial (1993), pp. 284-85). If we must settle for this, then surely Marías himself would be counted among them, and perhaps the first among equals, yet still well short of what he hoped for in his youth.

There are several ready answers to such questions. This first and most obvious is that there already exists, and has existed for many centuries, an "official" Christian philosophy in the form of Thomism and its neo-scholastic forms, at least in Catholicism, and perhaps to a lesser degree in its Anglican offshoot. Secondly,

---

[174] Published in *Un siglo de España* (Homage to Julián Marías). Madrid. Alianza Editorial, 2002, pp. 311-315.

many Protestant Christians tolerate classical philosophy and Anglo-American pragmatism but tend to regard later philosophical doctrines as probable repositories of heresy, atheism, at the very least, post-Christian sentiments.

Yet astute minds have not failed to notice the inherent paradoxical contradictions in Thomasine Scholasticism and its neo-scholastic descendants. Ortega summarizes them and I translate his message: "Christianity arises from a fundamental intuition that is the complete opposite of naturalism. But when it attempted to create a philosophy, it fell prisoner to Greek paganism, and ever since has dragged this foreign teaching along like ankle shackles that hobble and distort it. Aristotle was a radically naturalistic and worldly thinker. That such a man was made the official philosopher of Catholicism is one of the most bizarre and confusing facts of world history. The truth is that because of these mental closures what would have been the authentic and original Christian philosophy has remained unborn, and because of it, humanity has lost one of its highest possibilities".[175]

Under this seemingly unassuming title prefaced by Ortega's commentary—*Otra filosofía Cristiana* [Another Christian Philosophy]—Fr. González Fernández, author of several important books on Marías and other major figures, has issued the boldest of challenges: nothing less than the long-awaited "Christian Philosophy" that Marias hoped for as a young philosopher. The quest may prove to be quixotic, but we cannot rush to definitive judgment. We remind ourselves that even

---

[175] Cited in Enrique González Fernández, *Otra filosofía cristiana*, Barcelona. Editorial Herder (2020), p. 9.

though Cervantes' tattered knight errant of another age lost many battles, he was the improbable victor in the end. Every battle is already lost if it remains unfought. *Por mí que no quede*, don Julián was fond of saying. Now Fr. Enrique González Fernández may have taken it as his motto as well. Although don Julián had many disciples and friends in his final years, probably Fr. González Fernández was his closest, and we must wonder what was confided and what will emerge eventually from their friendship.

It would take another volume to point out the potentialities and pathways offered by the philosophy we have skimmed over in these writing: an aesthetic theory (which I touched on in one of my first writings on Marías but never got around to again), the application of the theory of generations to specific social and historical movements (to which I devoted some time and unpublished writing), ideas on the university (a theme of fundamental importance to both Ortega and Marías), the further implications of the "sexuate" nature of human life (to which Marías gave special attention), and the list goes on.

But for the moment I shall not.

Houston
2020